E. ROUARD DE CARD

PROFESSEUR HONORAIRE A L'UNIVERSITÉ DE TOULOUSE
MEMBRE DE L'INSTITUT DE DROIT INTERNATIONAL

Le Statut de Tanger

d'après la Convention du 18 décembre 1923

AVEC UNE CARTE

PARIS

A. PEDONE
LIBRAIRE-ÉDITEUR
13, rue Soufflot, 13

J. GAMBER
LIBRAIRE-ÉDITEUR
7, rue Danton, 7

1925

Le Statut de Tanger

d'après la Convention
du 18 décembre 1923

DU MÊME AUTEUR :

Les Traités de Protectorat conclus par la France en Afrique. Paris, 1897 Un vol. in-8°. — Prix.. .... **7** fr. **50**

Les Traités entre la France et le Maroc. Paris, 1898. Un vol. in-8° avec une carte. — Prix........................ **9** fr. »

Les Territoires africains et les Conventions franco-anglaises. Paris, 1901. Un vol. in-8° avec 7 cartes. — Prix... **12** fr. »

La France et les autres nations latines en Afrique. Paris, 1903. Un vol. in-8° avec cinq cartes. — Prix .... **7** fr. **50**

Les relations de l'Espagne et du Maroc pendant le XVIIIe et le XIXe siècles. Paris, 1905. Un vol. in 8° avec une carte et deux gravures. Prix...................................... **12** fr. »

Traités de la France avec les pays de l'Afrique du Nord. *Algérie, Tunisie, Tripolitaine, Maroc.* Paris 1909. Un vol. grand in-8° avec un supplément. — Prix.................. .... **18** fr. »

Traités de délimitation concernant l'Afrique française. Paris, 1910. Un vol. grand in-8° avec 17 cartes. — Prix .... **15** fr. »

Supplément, 1910-1913. Paris, 1913. Un vol. grand in-8° avec huit cartes. — Prix........ .... **12** fr. »

Documents diplomatiques pour servir à l'étude de la question marocaine. Paris. 1911. Un vol. grand in-8° avec deux cartes. — Prix .... **7** fr. **50**

Traités et accords concernant le protectorat de la France au Maroc. Paris, 1914. Un vol. in-8° avec cinq cartes. — Prix **12** fr. »

La Turquie et le protectorat français en Tunisie. Paris, 1916. Brochures in-8° avee deux cartes — Prix........... **7** fr. **50**

Les traités de commerce conclus par le Maroc avec les Puissances étrangères. Paris, 1919. Brochure grand in-8°, 2e édition. — Prix.. .... **6** fr. **75**

Accords secrets entre la France et l'Italie concernant le Maroc et la Lybie. Paris, 1921. Broch. in-8° avec une carte - Prix **6** fr. »

La France et l'Italie et l'article 13 du pacte de Londres. Paris, 1923. Brochure in-8° avec deux cartes. — Prix......... **6** fr. »

Le Traité de Versailles et le protectorat de la France au Maroc Paris, 1923. Brochure in-8°. — Prix............. **6** fr. **50**

Les Mandats Français sur le Togoland et le Cameroun. Paris, 1925. Brochure in-8°. — Prix .... **8** fr. **50**

E. ROUARD DE CARD

PROFESSEUR HONORAIRE A L'UNIVERSITÉ DE TOULOUSE
MEMBRE DE L'INSTITUT DE DROIT INTERNATIONAL

Le Statut de Tanger

d'après la Convention du 18 décembre 1923

AVEC UNE CARTE

PARIS

A. PEDONE
LIBRAIRE-ÉDITEUR
13, rue Soufflot, 13

J. GAMBER
LIBRAIRE-ÉDITEUR
7, rue Danton, 7

1925

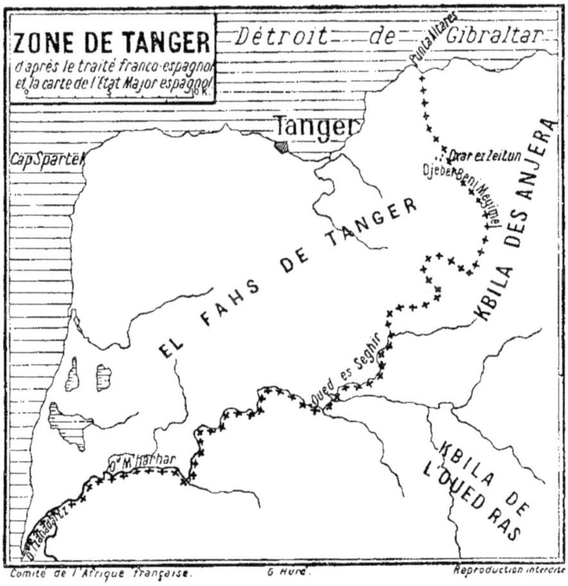

Cette carte de délimitation se trouve dans le *Bulletin du Comité de l'Afrique française*, 1912, supplément, p. 147.

INTRODUCTION

Au début du XXe siècle, Tanger, résidence du Corps diplomatique, se trouvait dans une situation juridique très complexe [1].

Le Sultan étendait sur cette ville ses droits de souveraineté. Il y était représenté par le Naïb au point de vue des affaires extérieures [2] et par le Pacha au point de vue des affaires intérieures [3]. En son nom, plusieurs fonctionnaires, désignés et surveillés par le Magzhen, y exerçaient des pouvoirs d'administration et de juridiction [4].

L'autorité souveraine du Sultan s'affirmait bien sous ces diverses formes, mais pratiquement elle subissait des restrictions notables résultant des anciennes capitulations et des institutions sanitaires.

---

1. Ayant séjourné à Tanger en 1902 et 1905, j'ai pu, personnellement, me rendre compte de cette situation.

2. Le Naïb, représentant du Sultan, recevait les réclamations des ministres plénipotentiaires et les transmettait au Maghzen.

3. Le Pacha, gouverneur de la ville, avait des attributions d'ordre administratif et judiciaire : il connaissait des crimes et délits commis par les Musulmans.

4. Ces fonctionnaires étaient :
Le *Cadi*, juge appliquant la loi coranique;
Les *Adoul*, assesseurs du Cadi; notaires et greffiers;
Les *Nader*, administrateurs des habous;
Le *Mohtasseb*, surveillant des marchés.
Les *Oumana*, préposés au recouvrement des impôts.

I. — Restrictions résultant des capitulations. — Les capitulations qui s'appliquaient à Tanger conféraient aux puissances étrangères plusieurs privilèges.

1° *Droit de juridiction consulaire.* — Les consuls d'une puissance étrangère pouvaient connaître des litiges entre deux ressortissants de cette puissance ou entre un ressortissant et un sujet musulman, si ce dernier était demandeur. Ils pouvaient, aussi, connaître des crimes et des délits commis par les ressortissants de cette puissance, quelle que fût la nationalité de la victime [1].

2° *Droits de protection diplomatique et consulaire.* — Une puissance étrangère pouvait avoir sous sa protection des indigènes employés par sa légation ou par ses commerçants. Ces protégés se trouvaient soustraits à la juridiction du Pacha et du Cadi : ils n'étaient pas tenus de payer les impôts locaux, sauf l'impôt agricole et la taxe des portes [2].

3° *Droits d'avoir des postes et des écoles.* — Une puissance étrangère pouvait avoir des bureaux de postes à Tanger [3] et y entrenir des écoles pour les enfants de ses nationaux [4].

---

1. Voir, à ce sujet, notre ouvrage :
Traités conclus par la France avec le Maroc, pp. 115 et suiv.

2. Convention relative à l'exercice du droit de protection, signée à Madrid, le 3 juillet 1880.

3. La France, l'Angleterre, l'Allemagne et l'Espagne avaient ouvert des bureaux de postes à Tanger.

4. Deux écoles françaises, l'une de garçons et l'autre de filles, fonctionnaient à Tanger en 1903 : un collège y fut fondé par la Légation de France en 1909.

De petites écoles espagnoles étaient tenues par les Franciscains.

II. — Restrictions résultant des institutions sanitaires. — Les institutions sanitaires qui fonctionnaient à Tanger, permettaient aux puissances étrangères de s'immiscer dans l'administration de la ville. Ces institutions étaient : le Conseil sanitaire et la Commission d'hygiène.

1° *Conseil sanitaire.* — Ce conseil se composait des représentants des puissances étrangères qui, à tour de rôle, remplissaient les fonctions de président.

En vertu d'une délégation que Moulay Abd er Rhaman avait donnée en 1840 et que Moulay Hassan avait confirmée en 1879, le Conseil sanitaire se trouvait chargé « de l'honorable mission de veiller au maintien de la « santé publique sur le littoral de l'Empire marocain, « de faire tous les règlements et de prendre toutes les « mesures pour atteindre ce but[1] ».

Par conséquent, il pouvait « donner pratique aux bâti- « ments qui mouillaient dans le port, les repousser ou « les mettre en quarantaine et les délivrer de la quaran- « taine conformément aux règlements[2] ».

Pour faire face à ses dépenses, il percevait des taxes sanitaires fixées par un tarif.

2° *Commision d'hygiène et de voirie.* — Cette commission fut d'abord une simple réunion de notables étrangers qui, sans mandat légal et sans ressources fixes, entre-

1. Règlement, adopté le 28 avril 1840, par les agents des puissances étrangères près Sa Majesté l'Empereur du Maroc, constitués en Conseil sanitaire.

Procès-verbaux de la Conférence sanitaire de Paris.

Livre Jaune, 1903, p. 422.

2. Dahir chérifien de mars 1879.

Livre Jaune, 1903, p. 431.

prirent d'assurer la propreté et la viabilité de Tanger[1].

Sa situation se régularisa et se précisa en 1892.

A la suite d'une délégation que Moulay Hassan avait donnée au Conseil sanitaire[2], elle fut chargée « de tout « ce qui concernait l'assainissement de la ville[3], c'est-à- « dire du balayage, de l'arrosage, du pavage des rues, « ainsi que de la construction des égouts et des con- « duites d'eau[4] ».

Pour couvrir les dépenses des services et des travaux, elle était autorisée à encaisser une fraction du droit d'abattoir, une part du revenu de l'appontement, des cotisations versées par les souscripteurs, des sommes perçues sur les riverains de rues pavées et enfin quelques subventions du Conseil sanitaire[5].

Réorganisée en 1903, elle se composait de douze membres de droit désignés par les légations et de quatorze membres élus par les souscripteurs volontaires de 10 pesetas. Elle était présidée annuellement, à tour de rôle, par le Consul d'Espagne et par le Consul de France[6].

En somme, la Commission d'hygiène et de voirie, dépendance du Corps diplomatique, était une municipalité rudimentaire.

Les capitulations et les institutions sanitaires dont

---

1. *Bulletin du Comité de l'Afrique française*, 1903, p. 25, et 1917, p. 432.

2. Cette délégation fut donnée sous la forme d'une lettre chérifienne remise par le Sultan au comte d'Aubigny, ministre plénipotentiaire.

3. Une exception était faite pour le quartier de la Kasbah, dont le nettoyage devait être opéré par les soins du Mohtasseb.

4. *Bulletin du Comité de l'Afrique française*, 1917, p. 432.

5. *Bulletin du Comité de l'Afrique française*, 1900, p. 175. D'après l'article 61 de l'Acte d'Algésiras, une quotité de la taxe urbaine était affectée à l'entretien de Tanger.

6. *Bulletin du Comité de l'Afrique française*, 1917, p. 432.

bénéficiaient les puissances étrangères, portaient une grave atteinte aux droits d'administration et de juridiction du Sultan. « Par suite de cette internationalisation confuse et mal définie, l'autorité chérifienne qui était la seule autorité légitime et souveraine, ne pouvait plus s'exercer que dans des limites très étroites[1]. »

Un semblable chaos était forcément préjudiciable aux intérêts économiques et sociaux de Tanger et de sa banlieue.

Les trois puissances principalement intéressées, c'est-à-dire la France, l'Angleterre et l'Espagne, décidèrent de le faire cesser en établissant un régime mieux coordonné. Elles négocièrent et conclurent la convention du 18 décembre 1923 qui a pour objet d'organiser le statut de la zone tangéroise.

Nous allons, dans deux chapitres, faire l'historique et donner la description de ce statut.

---

1. Article publié dans le *Times* du 18 juin 1923.
Bulletin du Comité de l'Afrique française, 1923, p. 375.

CHAPITRE PREMIER

Historique du Statut

Les tractations, concernant le statut de Tanger, ont présenté des phases diverses que l'on peut grouper sous les rubriques suivantes :

Régime spécial prévu par les traités;
Négociations pour la détermination de ce régime;
Convention relative à l'organisation de ce régime.

§ 1er. — Régime spécial prévu par les traités.

A partir de 1904, plusieurs puissances étrangères conclurent des traités particuliers ou collectifs au sujet du Maroc. Dans quelques-uns de ces traités, elles prirent le soin d'insérer des clauses qui, tout en rappelant la condition juridique de Tanger, faisaient entrevoir l'établissement d'un nouveau régime.

Nous allons passer en revue les actes diplomatiques contenant des stipulations de cette nature[1].

1. La Convention franco-allemande du 4 novembre 1911 ne contenait aucune disposition relative à la ville elle-même. Dans les lettres explicatives, il était dit seulement que l'adjudication du chemin de fer de Tanger à Fez ne serait pas primée par l'adjudication d'un autre chemin de fer.

I. — *Convention franco-espagnole du 3 octobre 1904.*

Cette convention déterminait l'étendue que chacune des puissances contractantes pourrait exercer dans l'Empire chérifien[1]. Elle attribuait à l'Espagne une zone d'influence comprenant de vastes territoires dans le Nord et dans le Sud du Maroc.

Dans le Nord, la zone espagnole était délimitée par une ligne qui, allant de l'embouchure de la Moulouya sur la Méditerranée à la lagune d'Ez-Zerga sur l'Océan, suivait la ligne de faîte séparant les bassins de l'oued Innaouen et de l'oued Sebou des bassins de l'oued Kert et de l'oued Ouergha.

Dans le Sud, la zone espagnole, englobant l'établissement d'Ifni, s'étendait du 26° de latitude nord jusqu'à l'embouchure de l'oued Mesa.

La ville de Tanger n'était pas comprise dans cette délimitation : elle restait en dehors de la bande côtière reconnue à l'Espagne. D'après l'article 9, « elle devait « garder le caractère spécial que lui donnaient la pré- « sence du Corps diplomatique et ses institutions muni- « cipales et sanitaires ». Par ces derniers mots, les négociateurs voulaient certainement désigner le Conseil sanitaire et la Commission d'hygiène.

II. — *Acte général d'Algésiras du 7 avril 1906.*

Cet acte qui intervint peu de temps après l'accord franco-espagnol, indiquait qu'une organisation muni-

---

1. Sur cette Convention, vor notre monographie : *La question marocaine et la négociation franco-espagnole*, pp. 27 et suiv.

cipale serait prochainement créée à Tanger[1]. En même temps, il appliquait spécialement à cette ville des institutions nouvelles qui restreignaient encore la souveraineté du Sultan. Ces institutions étaient les commissions administratives et les tabors de police[2].

A. **Commissions administratives**. — L'acte d'Algésiras instituait à Tanger plusieurs comités et commissions dans lesquels figuraient des membres du Corps diplomatique et des délégués de la Banque d'Etat.

Ces comités et commissions étaient les suivants :

Commission des valeurs douanières, chargée de déterminer la valeur des marchandises taxées par la douane marocaine[3];

Comité des douanes, chargé d'assurer une surveillance relative au fonctionnement du service des douanes[4];

Comité spécial des travaux publics, chargé d'arrêter le programme des travaux à exécuter sur les fonds de la taxe spéciale[5];

Commission générale de sadjudications, chargée de proposer au Maghzen la liste des travaux d'utilité publique à exécuter sur les revenus autres que la taxe spéciale[6];

---

1. Article 61 de l'Acte d'Algésiras.

2. La Banque d'Etat pouvait aussi être mise au nombre de ces institutions; car, d'après les articles 38 et 48 de l'Acte d'Algésiras, elle devait avoir son siège social et sa direction à Tanger.

3. Article 96 de l'Acte d'Algésiras.

4. Article 97 du même acte.

5. Article 66 du même acte.
La taxe de 2 1/2 % *ad valorem* frappe les marchandises d'origine étrangère à leur entrée au Maroc.

6. Article 110 du même acte.

Commission de la taxe urbaine, chargée de fixer les rôles individuels pour la perception de l'impôt sur les constructions urbaines [1].

B. **Tabors de police.** — L'Acte d'Algésiras instituait aussi à Tanger une police marocaine avec un cadre d'instructeurs français et espagnols [2]. Cette police comprenait deux tabors [3] :

Le tabor urbain, comptant deux cents hommes d'infanterie, était commandé par un capitaine, deux officiers et quatre sous-officiers espagnols;

Le tabor extra-urbain, comptant quatre cents hommes d'infanterie et de cavalerie, était commandé par un chef d'escadrons, trois officiers et six sous-officiers français [4].

En résumé, l'Acte général d'Algésiras tendait à internationaliser de plus en plus la ville de Tanger dont il annonçait l'organisation future en termes vagues [5].

III. — *Traité franco-marocain du 30 mars 1912.*

Au lendemain de la Conférence d'Algésiras, le gouvernement français entreprit d'exercer les droits que lui reconnaissait la convention du 3 octobre 1904. Mais ses projets furent, en toutes occasions, contrecarrés par l'opposition systématique et violente de l'Allemagne. Pour recouvrer sa liberté d'action, il dut, après le coup

---

1. Article 61 du même acte.
2. Articles 1er et suiv. du même acte.
3. Le mot *tabor* peut être traduit par le mot *bataillon.*
4. Arrangement conclu le 27 février 1907 entre la France et l'Espagne, pour l'organisation de la police marocaine.
5. L'Acte d'Algésiras est reproduit dans notre ouvrage : *Documents diplomatiques pour servir à l'étude de la question marocaine,* pp. 100 et suiv.

d'Agadir[1], abandonner à cette puissance de très vastes territoires sur le Moyen-Congo et sur l'Oubanghi[2]. Dès qu'il fut ainsi libéré des tracasseries allemandes, il se préoccupa de fixer définitivement sa position politique vis-à-vis de l'Empire chérifien.

Le 30 mars 1912, M. Regnault, ministre plénipotentiaire, et Moulay Hafid signèrent à Fez le traité qui établissait et organisait le protectorat de la France au Maroc[3].

Dans l'article 1er de ce traité, il fut stipulé que « la « ville de Tanger garderait le caractère spécial qui lui « avait été reconnu et qui déterminerait son organisa- « tion municipale. »

C'était la reproduction de la réserve qui avait été faite dans la convention franco-espagnole du 3 octobre 1904.

IV. — *Convention franco-espagnole du 27 novembre 1912.*

Par le traité de Fez, la France avait établi son protectorat sur l'Empire chérifien, mais une partie de cet empire se trouvait soustraite à son action, puisque la convention du 3 octobre 1904 avait reconnu à l'Espagne une zone très étendue dans le nord et dans le sud du Maroc. Dès lors, il fallait concilier nos droits de protectorat avec les droits que l'Espagne prétendait exercer sur

---

1. Sur l'incident d'Agadir, voir notre ouvrage : *Traités et accords concernant le protectorat de la France au Maroc*, pp. 6 et suiv.

2. Convention relative aux possessions françaises et allemandes de l'Afrique équatoriale, signée à Berlin, le 4 novembre 1911. Par cette Convention, la France abandonnait à l'Allemagne des territoires ayant une étendue de 275.000 kilomètres carrés.

3. Sur ce traité, voir notre ouvrage : *Traités et accords concernant le protectorat de la France au Maroc*, pp. 25 et suiv.

les territoires à elle réservés. Dans ce but, fut conclue la convention du 27 novembre 1912 [1], qui précisait et complétait la convention franco-espagnole de 1904.

D'abord, elle rectifiait la délimitation de la zone espagnole, en reconnaissant à la France, dans le nord, les deux rives de l'Ouergha, et, dans le sud, le territoire entourant l'enclave d'Ifni.

Ensuite, elle réglait toutes les questions administratives, financières et économiques que faisait naître la contiguité de la zone française et de la zone espagnole.

Enfin, par son article 7, elle disposait que « la ville « de Tanger et sa banlieue constitueraient une zone « spéciale, qui serait dotée d'un régime à déterminer « ultérieurement ».

La zone dont il s'agissait était comprise dans les limites suivantes :

Partant de Punta-Altares, sur la côte sud du Détroit de Gibraltar, la frontière se dirigeait en ligne droite sur la crête du Djebel Beni-Meyimel, laissant à l'ouest le village appelé Dxar-ez-Zeitun, et suivait ensuite la ligne des limites entre les Fahs d'un côté et les tribus de l'Andjera et de Oued-Ras de l'autre côté, jusqu'à la rencontre de l'oued Es-Seghir. De là, la frontière suivait le thalweg de l'oued Es-Seghir, puis ceux des oueds M'harhar et Tzahadartz jusqu'à l'Océan Atlantique.

Cette zone, ainsi délimitée [2], avait une superficie d'environ 275 kilomètres carrés et une population d'environ 72.000 habitants [3].

---

1. Sur cette Convention, voir notre ouvrage :
Traités et accords concernant le protectorat de la France au Maroc, pp. 49 et suiv.

2. Pour suivre cette délimitation, il convient de consulter la carte reproduite avant l'Introduction.

3. ROBER-RAYNAUD. Tanger pendant la guerre.
Bulletin du Comité de l'Afrique française, 1916, p. 242.

Les conventions franco-espagnoles de 1904 et 1912 prévoyaient bien qu'un régime nouveau serait instauré à Tanger, mais elles n'indiquaient pas nettement la nature de ce régime. Elles portaient simplement que Tanger conserverait « le caractère spécial, résultant de la présence « du corps diplomatique et des institutions sanitaires. »

En présence d'une formule si vague, on pouvait se demander en quoi consistait le régime prévu par les traités [1].

S'agissait-il d'*internationaliser* la zone purement et simplement ? On ne pouvait le croire, puisque les conventions faisaient allusion à un régime *spécial* et non point à un régime *international* [2].

S'agissait-il de mettre la zone sous la souveraineté exclusive du Sultan ? On ne pouvait pas davantage le supposer, puisque les conventions rappelaient les institutions sanitaires et municipales qui comportaient l'intervention des puissances étrangères.

Vraisemblablement, il s'agissait plutôt de concilier la souveraineté du Sultan avec une véritable autonomie de la zone, car les conventions, tout en mentionnant des institutions internationales, ne semblaient pas exclure complètement l'autorité chérifienne.

§ 2. — Négociations pour la détermination de ce régime.

Commencées en 1912, ces négociations furent interrompues par la guerre européenne et ne purent être

---

1. Rober-Raynaud. La question de Tanger.
Bulletin du Comité de l'Afrique française, 1920, pp. 57 et suiv.

2. Discours prononcé à la Chambre des députés, par M. Henry Simon, le 17 septembre 1919.
Journal officiel, 18 septembre 1919, Chambre des députés, p. 4396.

reprises qu'après le rétablissement de la paix; elles se terminèrent par la conclusion de la convention du 18 décembre 1923.

I. — *Commencement des négociations.*

Les gouvernements français et espagnol se préoccupèrent de déterminer le régime prévu par les divers traités. Dans cette pensée, ils entamèrent des négociations sous le contrôle et avec la participation du gouvernement britannique [1].

A la suite d'un échange de vues qui eut lieu dans les derniers mois de 1912, les trois gouvernements fixèrent les principes généraux suivant lesquels devait être organisée la zone de Tanger. Pour coordonner et appliquer ces principes, une Commission mixte de techniciens fut réunie à Madrid dès le mois de mars 1913. Elle se composait de : MM. White, chargé d'affaires britannique à Tanger, Padilla, directeur au Ministère d'Etat d'Espagne, Cruchon-Dupeyrat, chef du bureau du Maroc au Ministère des Affaires étrangères de France [2].

Cette commission eut à résoudre des questions difficiles concernant le rôle du représentant du Sultan, le mode d'élection des membres de l'assemblée municipale, la composition du budget de la zone et la répartition des

---

1. D'après l'article 8 de la déclaration franco-anglaise du 8 avril 1904, le Gouvernement britannique devait être mis au courant des négociations poursuivies.

2. *Bulletin du Comité de l'Afrique française*, 1913, pp. 133 et 201.

Une Commission spéciale, réunie à Paris, fut chargée d'organiser une juridiction internationale sur le modèle des tribunaux mixtes d'Egypte. Elle était composée d'un magistrat français, d'un magistrat britannique et de magistrats espagnol.

emplois publics[1]. Après soixante-trois séances, elle réussit à mettre sur pied un projet complet de statut pour Tanger et sa banlieue[2].

Pour des motifs de convenance diplomatique, ce projet ne fut pas officiellement publié, mais néanmoins il fut bientôt connu par les commentaires des journaux[3]. Quelques-unes de ses dispositions donnèrent lieu à de vives et justes critiques[4].

En premier lieu, le représentant du Sultan n'avait pas, dans la nouvelle organisation, la place qu'il aurait dû avoir : ses attributions étaient réduites au minimum et étaient purement honorifiques.

En second lieu, le Cadi et les Nader n'étaient pas nommés par le Maghzen chérifien; ils étaient élus par les notables musulmans. Ce mode de désignation était une innovation peu heureuse, car « son emploi dans un milieu « sans traditions politiques risquait d'être l'occasion de « tripotages et de troubles. »

En troisième lieu, la représentation des musulmans et des israëlites dans l'assemblée municipale n'était pas suffisante, si l'on tenait compte de l'importance numérique de ces deux éléments de population. « Les israë- « lites qui étaient douze mille et les musulmans qui « étaient quarante mille ne comptaient que trois ou qua-

---

1. Sur ces questions, les populations européenne et musulmane firent parvenir leurs revendications à la Commission mixte.

Bulletin du Comité de l'Afrique française, 1913, pp. 133 et 171.

2. *Bulletin du Comité de l'Afrique française*, 1913, pp. 77, 171, 201 et 306.

3. M. Jean Herbette a fait connaître les grandes lignes de ce projet dans l'*Echo de Paris* du 2 juillet 1913.

4. Ces critiques se trouvent résumées dans un article intitulé : « L'opinion française de Tanger et le projet de statut. » *Bulletin du Comité de l'Afrique française*, 1913, p. 306.

« tre élus, tandis que les européens qui n'étaient que « quinze mille comptaient dix-sept élus. »

En quatrième lieu, la répartition des emplois publics entre les diverses puissances n'était pas faite d'une façon équitable. La part de 25 % attribuée à la France était beaucoup trop faible, puisqu'en 1912 cette puissance « faisait 41 % du commerce de Tanger et que ses « ressortissants y possédaient plus de 40 % des terrains « dans la future ville européenne. »

Enfin, la désignation d'un officier espagnol pour le commandement de la police militaire pouvait avoir des conséquences fâcheuses. En effet, « ce commandant ne « pourrait conserver la neutralité voulue dans la lutte « poursuivie, à quelques kilomètres de la ville, entre les « forces espagnoles et les tribus du Djebel. Son attitude « et même sa nationalité attireraient nécessairement la « guerre sur le territoire de Tanger. »

Tenant compte de ces diverses critiques[1], le gouvernement français décida d'apporter certaines modifications au projet de la Commission mixte, notamment, en ce qui concernait la représentation chérifienne dans l'assemblée municipale, la désignation de l'administrateur, le commandement de la police militaire et la nomination du Cadi et des Nader.

Sur tous les points, il parvint à s'entendre avec le gouvernement britannique, mais il rencontra une opposition très forte de la part du gouvernement espagnol[2].

---

1. Le Comité consultatif du commerce français, à Tanger, avait reproduit toutes ces critiques dans une motion qu'il avait adressée au gouvernement.
Bulletin du Comité de l'Afrique française, 1913, p. 341.

2. Le gouvernement espagnol semblait craindre que « la par- « ticipation du Sultan au régime de Tanger ne devint un moyen « pour la France d'y assurer sa suprématie politique ».
Bulletin du Comité de l'Afrique française, 1914, p. 127.

Le Cabinet de Madrid ne tarda pas à divulguer les motifs pour lesquels il avait pris cette attitude peu bienveillante à l'égard de la France.

Le 10 février 1914, le Ministre d'Etat fit publier dans les journaux le communiqué suivant : « Le ministre des « Affaires étrangères, était-il dit, a exposé à ses collè- « gues les communications échangées entre les Cabinets « de Paris et de Madrid, à propos du statut de Tanger. « Il en résulte qu'à la fin du printemps dernier, les « délégués français, anglais et espagnols se réunirent à « Madrid et, après de longs pourparlers, ils se mirent « d'accord sur le statut de Tanger et de sa zone. Ce « statut fut une œuvre de mutuelles transactions, à « laquelle l'Espagne apporta tout l'esprit d'amitié et de « conciliation dont sont inspirés ses rapports avec les « deux pays. Postérieurement, le gouvernement de la « République crut que des modifications devaient être « apportées au projet déjà établi; or, ces modifications « que la France estima qu'il convenait de proposer aux « deux puissances, les gouvernements anglais et espa- « gnol n'en eurent pas connaissance simultanément. Le « gouvernement de la République communiqua d'abord « le nouveau projet à celui de la Grande-Bretagne, qui « fit les observations et les critiques qu'il jugea oppor- « tunes, et c'est lorsque ces deux gouvernements se fu- « rent mis d'accord à nouveau sur ce texte qu'ils en « donnèrent communication au Ministère des Affaires « étrangères espagnol, dans les derniers jours de no- « vembre.

« Le gouvernement, ayant remarqué dans le nouveau « projet qui lui était soumis, que des modifications, à « ses yeux importantes, étaient apportées au texte pri- « mitivement établi par les délégués des trois puissances, « à Madrid, présenta, dans une note adressée aux ambas- « sadeurs de France et d'Angleterre et rédigée en termes

« amicaux conformes aux excellentes relations qui lient « l'Espagne aux deux pays, les objections que lui suggé- « rait ce texte modifié. Tel est l'état actuel des négo- « ciations[1]. »

Les gouvernements français et anglais auxquels la note espagnole fut transmise, examinèrent attentivement les objections formulées par le Cabinet de Madrid, et, après cet examen, envoyèrent de nouvelles instructions à leurs ambassadeurs respectifs. La discussion du projet modifié put ainsi se poursuivre entre les représentants des trois pays dans des conditions beaucoup plus favorables.

Le 10 juillet 1914, M. Geoffray, ambassadeur de France, et sir Arthur Hardinge, ambassadeur d'Angleterre, qui allaient s'absenter de Madrid, eurent un dernier entretien avec le ministre d'Etat espagnol, marquis de Lema. Au cours de cet entretien, l'Espagne se montra disposée à transiger sur presque tous les points, de telle sorte qu'une entente complète sembla pouvoir être réalisée à brève échéance[2]. Malheureusement, les graves événements politiques qui se produisirent à ce moment, ne permirent pas de continuer la conversation et de la mener à bonne fin[3].

II. — *Interruption des négociations.*

Obligés d'organiser la résistance contre les empires centraux, les gouvernements français et anglais durent interrompre les négociations avec le Cabinet de Madrid. Bien que, dès lors, la question de Tanger ne fut plus

---

1. *Bulletin du Comité de l'Afrique française*, 1914, p. 127.
2. *Bulletin du Comité de l'Afrique française*, 1914, p. 330.
3. L'archiduc François Ferdinand avait été assassiné à Sarajevo, le 28 juin 1914.

discutée entre les diplomates, elle continua cependant à passionner l'opinion publnque en Espagne. Plusieurs hommes politiques de la Péninsule en vinrent à prétendre que Tanger et sa banlieue devaient être incorporées dans la zone d'influence espagnole.

M. Maura fut le principal propagateur de cette thèse. Comme chef de parti ou comme chef du gouvernement, il ne cessa de la développer avec la plus grande ardeur[1].

Au mois d'avril 1915, parlant au théâtre royal, il s'exprima de la façon suivante : « Tanger, dit-il, ne peut « être qu'espagnole. Ce n'est pas d'aujourd'hui que je la « réclame pour la première fois. En 1905, lorsqu'on alla « à la Conférence d'Algésiras, je déclarai que l'Espagne « ne pouvait consentir que, de la Moulouya au Sebou, « il y eût un grain de sable qui ne fut plus espagnol. « En 1907, plutôt que de consentir que le droit et la « nécessité de l'Espagne d'être à Tanger fussent diminués, je préférai ne pas m'entendre avec le gouvernement français, et il n'y eut pas d'accord, parce que je « ne voulus pas m'y prêter. Lorsqu'on était sur le point « de négocier le traité de 1912, je fis savoir à qui de droit « que j'entendais qu'on ne pouvait traiter sans résoudre « préalablement la question de Tanger[1]. La réalité est « venue démontrer qu'avec une zone internationalisée « et, comme on voudra l'appeler, anarchique, qu'avec la « zone tracée autour de Tanger, l'Espagne ne pouvait « pas remplir sa mission dans sa propre zone[2]. »

Dans des discours qu'il prononça en 1916 et 1917, M. Maura revint sur le même sujet, affirmant que Tanger

---

1. Plusieurs membres des Cortès se prononcèrent dans le même sens, notamment : MM. de Romanonès, Dato, Garcia Prieto, Gonzalez Hontoria, Sanchez de Toca, Melquiadès Alvarez et Lerroux.

2. *Bulletin du Comité de l'Afrique française*, 1924, p. 18.

espagnole « était une condition essentielle, manifeste- « ment essentielle pour que l'Espagne put remplir ses « obligations dans sa zone d'influence[1] ».

La campagne, entreprise par le chef du parti conservateur, fut activée par les articles des journaux politiques[2] et par les manifestations des ligues coloniales[3] : elle alla en s'accentuant jusqu'à la fin de l'année 1921.

Au cours de la session des Cortès qui se tint dans le mois d'octobre, un grand débat s'engagea sur les affaires marocaines et spécialement sur la question tangéroise.

A la Chambre, M. Lerroux, et au Sénat, M. Garcia Prieto prononcèrent des discours dans lesquels ils soutinrent que l'Espagne, ayant acquis une zone d'influence le long du Détroit, ne pouvait se passer de la possession de Tanger et qu'elle devait s'efforcer de l'obtenir par tous les moyens.

Au cours de cette discussion, M. Maura qui était redevenu président du Conseil crut devoir intervenir pour préciser son programme. S'adressant à M. Garcia Prieto, il fit la déclaration suivante : « Pour ce qui est « de Tanger espagnole, je crois qu'aucun de ceux qui en « ont parlé n'ont pensé apporter une idée distincte de « celle que vous avez exprimée avec tant de bonheur; « personne n'a pensé que Tanger espagnole signifie « Tanger place de souveraineté espagnole comme Melilla

---

1. *Bulletin du Comité de l'Afrique française,* 1916, p. 341 et 1917, p. 232.

2. Ces articles furent publiés dans la *Tribuna,* dans *el Dia,* dans *el Debate* et dans *el Imparcial.*

Bulletin du Comité de l'Afrique française, 1918, pp. 62, 119 et 151; 1920, pp. 59 et 92.

3. La Liga africanista lança des manifestes et organisa des meetings.

Bulletin du Comité de l'Afrique française, 1917, p. 159; 1918, p. 324; 1920, pp. 159 et 233.

« et Ceuta; il est évident que Tanger espagnole signifie « Tanger incorporée à la zone espagnole, en continuité « territoriale et en continuité du littoral qui sont des « choses d'extrême importance[1]. »

Dans ce nouveau discours, M. Maura précisait bien sa manière de voir, mais il ne parvenait pas à la justifier au point de vue juridique.

III. — *Reprise des négociations.*

Les gouvernements français et anglais estimèrent que la thèse espagnole était absolument contraire aux traités et qu'elle ne pouvait être sérieusement discutée. Sur ce point, le Cabinet de Paris prit une attitude très nette au lendemain des débats des Cortès.

Le 4 janvier 1922, M. Briand, ministre des Affaires étrangères, répondant à une lettre de deux députés, crut devoir s'expliquer à ce propos de la façon suivante : « Vous avez bien voulu, écrivait-il, me demander, au « nom du groupe parlementaire du Maroc, quelle était « la position prise par le gouvernement à la suite des « derniers incidents qui se sont produits aux Cortès « espagnols sur la question de Tanger. Je m'empresse de « vous exposer à nouveau la manière de voir de mon « Département sur cette question.

« Les divers ministres des Affaires Etrangères qui « m'ont précédé n'ont jamais entamé de polémique avec « les ministres d'Etat espagnols, qui ont déclaré à plu- « sieurs reprises aux Cortès que Tanger devait devenir « une terre espagnole ou tout au moins être incorporée « dans la zone d'influence espagnole.

« Pour nous, cette manière de voir n'est pas conforme

1. *Bulletin du Comité de l'Afrique française*, 1922, p. 13.

« aux dispositions des traités en vigueur d'après lesquels « Tanger, soustraite à la zone d'influence espagnole par « un texte exprès, doit avoir le régime spécial que lui « donne la présence du Corps diplomatique et de son « administration municipale et sanitaire.

« Tanger demeurera donc sous la souveraineté du « Sultan, protégé de la France, et recevra, dès que les « circonstances le permettront, le régime spécial prévu « par les traités[1]. »

L'opinion qu'exprimait M. Briand au nom de son Département correspondait au sentiment du Foreign Office : à Londres comme à Paris, on jugeait que la prétention de l'Espagne sur Tanger ne reposait sur aucun fondement juridique[2].

Si la France et l'Angleterre se trouvaient ainsi d'accord pour opposer une fin de non-recevoir à la revendication de l'Espagne, elles cessaient de s'entendre lorsqu'il s'agisait de définir le régime applicable à Tanger et à sa banlieue. A cet égard, le point de vue français différait sensiblement du point de vue britannique.

D'après le point de vue français, le Sultan demeurait souverain de la zone de Tanger : il devait y être représenté par un haut fonctionnaire marocain, investi de pouvoirs importants.

Au contraire, le point de vue britannique comportait une entière internationalisation de la zone : l'autorité

1. Lettre adressée, le 4 janvier 1922, par M. Briand, président du Conseil, à MM. Baréty et Calary de Lamazière, président et vice-président du groupe parlementaire du Maroc.

Bulletin du Comité de l'Afrique française, 1922, p. 23.

2. A la date du 20 juin 1923, le correspondant du *Times* écrivait dans ce journal que « le rattachement de Tanger à la zone « espagnole était absolument impossible ».

Bulletin du Comité de l'Afrique française, 1923, p. 378.

chérifienne ne devait plus s'exercer que dans le domaine religieux [1].

Cette divergence des points de vue eut pour effet de retarder la reprise des négociations. Pendant quelque temps encore, Tanger dut vivre dans un véritable chaos administratif et judiciaire.

Préoccupé de cette situation, le gouvernement français, dans les premiers mois de 1921, fit des ouvertures au gouvernement britannique, en vue de remettre à l'étude l'organisation du statut. Mais le Foreign Office, partisan de l'internationalisation, jugea les propositions françaises inacceptables et ne voulut pas les examiner [2]. La question resta en suspens pendant une année.

Au mois de juin 1922, M. Poincaré et M. Lloyd George se rencontrèrent à Londres. Dans leurs entrevues, les deux premiers ministres parlèrent de réunir prochainement une conférence pour résoudre le problème de Tanger [3]. Du reste, aucune suite ne fut donnée à ces conversations, parce que « des questions plus pressantes « absorbèrent l'attention des gouvernements français et « anglais [4] ».

Le projet d'une conférence paraissait complètement abandonné, lorsqu'à la date du 22 juin 1923 M. Poincaré, répondant à M. Berthon, fit, à la Chambre des députés, la déclaration suivante : « Des négociations « dit-il, sont en cours et malheureusement depuis plus

---

1. Article publié dans le *Times* du 20 juin 1923 par le correspondant du journal.
Bulletin du Comité de l'Afrique française, 1923, p. 378.

2. Dépêche adressée le 12 avril 1923 au *Times* par son correspondant de Tanger.
Bulletin du Comité de l'Afrique française, 1923, p. 180.

3. *Bulletin du Comité de l'Afrique française*, 1922, p. 344.

4. Lettre adressée au *Times*, le 18 juin 1923, par M. Merry del Val, ambassadeur d'Espagne à Londres.
Bulletin du Comité de l'Afrique française, 1923, p. 399.

« longtemps que ne le croit M. Berthon, juisqu'elles ont « commencé, non pas depuis les traités de paix, mais « depuis 1912, c'est-à-dire avant la guerre. Elles vont « être reprises prochainement avec le gouvernement « britannique et le gouvernement espagnol.[1] »

Peu de temps après cette déclaration, l'ambassadeur de France à Londres fit auprès de lord Curzon une démarche que le *Times* relatait en ces termes : « M. le « comte de Saint-Aulaire s'est rendu au Foreign Office « et a transmis à lord Curzon le désir du gouvernement « français de voir s'ouvrir aussitôt que possible, à Lon- « dres, une conférence entre la Grande-Bretagne, la « France et l'Espagne, au sujet de Tanger. Lord Curzon « a, paraît-il, hésité parce que, d'après ce qu'il connaît « des projets de la France, aucune solution définitive « n'en pourrait sortir; il a ajouté qu'une conférence « avortée produirait un effet déplorable sur l'opinion « publique en Angleterre et en France et pourrait nuire « aux relations entre les deux puissances.

« L'ambassadeur de France a prié cependant lord « Curzon de se rallier à son avis, affirmant que cette « conférence aboutirait à une solution, et que c'était le « plus grand désir de son gouvernement. Lord Curzon « a prié alors l'ambassadeur de France d'en référer à « Paris, afin que le gouvernement français en délibérât « avec les ambassadeurs des puissances intéressées[2].

IV. — *Aboutissement des négociations.*

Dans les délibérations qui eurent lieu à Paris entre les représentants des trois puisances, il fut décidé que

---

1. *Bulletin du Comité de l'Afrique française*, 1923, p. 72.
2. Dépêche du correspondant du *Times*, déjà citée.
Bulletin du Comité de l'Afrique franaise, 1923, p. 180.

des experts techniques établiraient les bases du statut et que des plénipotentiaires lui donneraient sa forme définitive. Cela admis, le comte de Saint-Aulaire et lord Curzon eurent, le 1er juin 1923, un nouvel entretien dans lequel furent arrêtées les dernières dispositions « en vue « de l'enquête préliminaire qui allait prochainement « s'ouvrir à Londres [1] ».

A. Conférence de Londres. — Les experts qui se réunirent à Londres, étaient :

Pour la France : M. de Beaumarchais, sous-directeur de l'Afrique au Ministère des Affaires étrangères [2];

Pour l'Angleterre : M. Hyde Villiers, chef de la Section d'Afrique au Foreign Office;

Pour l'Espagne : M. Lopez Roberts, marquis de la Torrehermosa, chef de la Section coloniale au Ministère d'Etat.

La Conférence s'ouvrit le 29 juin 1923.

A ce moment, les trois puissances principalement intéressées soutenaient des thèses bien distinctes.

L'Espagne réclamait l'incorporation de Tanger dans sa zone d'influence, tandis que la France demandait son maintien sous la souveraineté du Sultan et que l'Angleterre préconisait son internationalisation complète.

Il s'agissait de confronter ces points de vue si opposés et d'en dégager une solution équitable.

Les experts se mirent aussitôt à l'œuvre, mais ils ren-

---

1. Le *Temps*, n° du 2 juin 1923.
Bulletin du Comité de l'Afrique française, 1923, p. 273, note 1.

2. M. de Beaumarchais était assisté de M. Rober-Raynaud, représentant de la population française de Tanger, de M. de Sorbier, représentant du protectorat français et de Si Kaddour ben Ghabrit, représentant de la communauté musulmane.
Bulletin du Comité de l'Afrique française, 1923, p. 272.

contrèrent de si grandes difficultés qu'après deux séances ils furent obligés de suspendre leurs travaux [1].

La Conférence s'ajourna du 17 juillet au 21 août.

Pendant cette suspension des séances, un coup de théâtre se produisit. L'Espagne renonça à l'idée d'incorporer Tanger dans sa zone et se déclara favorable au système de l'internationalisation complète [2]. Dès lors, le point de vue anglais et le point de vue anglais restèrent seuls en opposition. Par cela même que la lutte se trouva ainsi circonscrite, elle devint de plus en plus vive.

Afin de faciliter une transaction, on eut recours à un nouvel ajournement, qui se prolongea du 22 août au 28 septembre.

Profitant de ce répit, le délégué français, d'accord avec son gouvernement, arrêta les grandes lignes d'un programme « qui poussait jusqu'à l'extrême limite les « concessions possibles en vue d'une conciliation ardem- « ment sollicitée et sincèrement souhaitée, mais qui « cependant devait sauvegarder la souveraineté et les « droits du Sultan [3] ».

Le 28 septembre, la Conférence reprit ses travaux « dans une atmosphère de confiance et de détente, due « surtout à l'attitude conciliante de la France et au « contre-projet présenté par M. de Beaumarchais [4] ».

Grâce à ces dispositions favorables, les dernières difficultés furent promptement résolues. Le 10 octobre 1923, on communiqua aux journaux la note suivante : « Les « trois experts, anglais, espagnol et français, chargés

---

1. *Bulletin du Comité de l'Afrique française*, 1923, p. 399.

2. A propos du pacte anglo-espagnol, on peut consulter : *Bulletin du Comité de l'Afrique française*, 1923, p. 424, 441 et 482.

3. *Bulletin du Comité de l'Afrique française*, 1923, p. 495.

4. *Bulletin du Comité de l'Afrique française*, 1923, p. 566.

« d'établir les bases de l'accord relatif au statut de Tan-
« ger, ont arrêté les grandes lignes d'un texte qui, tout
« tout en réservant l'entière liberté de leurs gouverne-
« ments respectifs, servira de base aux plénipotentiaires
« chargés d'élaborer un statut définitif. »

B. **Conférence de Paris.** — Les trois puissances principalement intéressées désignèrent les plénipotentiaires qui devaient donner au statut sa forme définitive.

La France était représentée par M. de Beaumarchais.

L'Angleterre était représentée par M. Arnold Robertson [1] et par M. Hyde Villiers.

L'Espagne était représentée par M. Lopez Roberts, marquis de Torrehermosa, et par M. Aguirre de Carcer [2].

Les plénipotentiaires des trois puissances étaient assistés de conseillers techniques [3].

La Conférence s'ouvrit à Paris le 27 octobre 1923.

Les conversations qui commencèrent aussitôt furent tenues soigneusement secrètes. Aucun procès-verbal des séances ne fut publié d'une façon officielle : seuls quelques vagues renseignements, donnés par les journaux, permirent de connaître de temps à autre le résultat des délibérations [4]. Par cette voie, on apprit que les plénipotentiaires français et anglais s'étaient mis d'accord sur la rédaction définitive du statut, mais que les plénipotentiaires espagnols n'étaient pas disposés à l'approuver. Quelques jours après, on fut informé que, malgré ce dissentiment, la Conférence avait pu terminer ses travaux.

Dans les Conférences de Londres et de Paris, la France, l'Angleterre et l'Espagne furent seules représentées.

1. Consul général d'Angleterre à Tanger.
2. Chef de la section du Maroc au ministère d'Etat espagnol.
3. *Bulletin du Comité de l'Afrique française*, 1923, p. 575.
4. *Bulletin du Comité de l'Afrique française*, 1923, p. 575.

Quant aux autres puissances signataires de l'Acte d'Algésiras, elles ne furent pas conviées à y envoyer des experts ou des plénipotentiaires.

L'Italie ne voulut pas admettre cette exclusion. Au mois de mars 1923, elle manifesta le désir de participer aux Conférences, en prétendant que la solution du problème tangérois pouvait exercer une influence « sur la « situation de tous les pays vivant ou ayant des intérêts « dans la Méditerranée[1] ». Elle adressa en ce sens une demande aux trois gouvernements; mais ses démarches n'eurent aucun succès. Le gouvernement français lui fit observer que « les réunions en cours étaient simplement « la suite des négociations entamées depuis 1912, aux- « quelles elle n'avait point assisté[2] ». Il lui fit aussi observer que, non seulement par les accords du 14 décembre 1900 et du 1er novembre 1902[3], mais encore par la déclaration du 28 novembre 1912, « elle s'était désinté- « ressée du Maroc, pour avoir pleine liberté d'action « en Lybie[4] ».

---

1. Note officieuse publiée par le gouvernement italien, le 15 juillet 1923.
Bulletin du Comité de l'Afrique française, 1923, p. 441.

2. Note officieuse publiée par le gouvernement français, à la date du 9 décembre 1923.
Bulletin du Comité de l'Afrique française, 1923, p. 657, note 1.

3. Au sujet de ces accords, voir notre monographie :
Accords secrets entre la France et l'Italie concernant le Maroc et le Lybie.

4. Dans sa note officieuse, le gouvernement italien avait lui-même reconnu que, par les accords de 1900-1902 et par la déclaration du 28 novembre 1912, l'Italie pouvait être considérée comme ayant renoncé à toute action politique dans l'Empire chérifien.

§ 3. — Convention relative a l'organisation de ce régime.

Les négociations, poursuivies à Londres et à Paris, avaient abouti à la conclusion d'une convention qui organisait le statut de la zone de Tanger.

I. — *Signature de la convention.*

Le 18 décembre 1923, on procéda à la signature de la convention.

Les plénipotentiaires espagnols ne voulurent la signer qu'*ad referendum* et sous les plus expresses réserves.

Pour quels motifs prirent-ils cette attitude ?

Tout d'abord, on prétendit en France qu'ils n'avaient pas reçu à temps les pouvoirs pour signer définitivement[1]. Mais cette assertion fut aussitôt démentie. En effet, dès le 20 décembre 1923, le Directoire espagnol remit aux journaux le communiqué suivant :

« La signature de nos négociateurs, était-il dit, n'a « été donnée qu'*ad referendum* et sous expresses réser- « ves, afin que le gouvernement de Sa Majesté conservât « la liberté nécessaire pour l'examen de l'œuvre réalisée « et puisse décider en connaissance de cause sur la « ratification.

« Les négociateurs espagnols ont agi avec cette pru- « dence, conformément aux ordres qui leur ont été « donnés, et non pas, comme une information erronée « de la presse étrangère l'a indiqué, pour une question

1. Note officieuse publiée dans les journaux français, à la date du 18 décembre 1923.
Bulletin du Comité de l'Afrique française, 1923, p. 656.

« de forme comme celle de n'avoir pas reçu à temps les « pouvoirs nécessaires.

« A ce sujet, il semble opportun d'indiquer à l'opinion « le zèle et la ténacité avec lesquels les intérêts espa- « gnols ont été défendus au cours de cette longue négo- « ciation qui, réalisée en présence de points de vue qui « ne coïncidaient pas toujours, a conduit à des transac- « tions réciproques et obligées. Le *Temps* a fait allusion « à ces transactions en signalant que la France s'était « bien gardée d'aller jusqu'à l'extrême limite de ses « droits, parce qu'elle avait tenu compte de la dignité « et de la susceptibilité de l'Espagne. Cela ne signifie « pas qu'on ait reconnu, jusqu'à présent, à notre pays, « tout ce que ses sacrifices et ses droits historiques peu- « vent justifier. Mais les circonstances ne favorisent pas « non plus l'obtention de cet idéal. C'est vers cet idéal « que doivent tendre nos gestions ultérieures, quand bien « même on ne pourrait l'atteindre complètement. Ces « gestions futures sont en relation directe avec la clause « limitative recommandée à nos négociateurs en leur « donnant les instructions pour la signature[1]. »

De ce communiqué, il résultait que les plénipotentiaires espagnols qui avaient signé *ad referendum*, s'étaient conformés aux ordres du gouvernement. Le Directoire, en donnant de semblables instructions, avait voulu retarder la ratification du traité, afin d'obtenir quelques concessions et de calmer ainsi l'opinion publique[2].

Les réserves faites par les plénipotentiaires mettaient la France et l'Angleterre dans une situation très embarrasante. Pour en sortir, ces deux puissances estimèrent

1. *Bulletin du Comité de l'Afrique française*, 1924, p. 20.

2. Des journaux espagnols prétendaient que l'Espagne venait de subir un grave échec diplomatique.

Bulletin du Comité de l'Afrique française, 1924, p. 19.

qu'il convenait de proposer à l'Espagne un arrangement transactionnel.

Le gouvernement français, prenant l'initiative des pourparlers, invita le gouvernement espagnol à lui faire connaître ses desiderata.

En réponse, le Cabinet de Madrid formula plusieurs demandes, dont les principales étaient :

1° L'agrandissement territorial de Ceuta et de Melilla[1];

2° Le maintien, au profit d'un prélat espagnol, des privilèges exercés à Tanger par Mgr Cervera[2];

3° Le renforcement des pouvoirs conférés aux deux fonctionnaires espagnols, c'est-à-dire à l'administrateur-adjoint chargé du service d'hygiène et à l'ingénieur chargé des travaux urbains;

4° La création d'un poste de contrôleur espagnol dans le service des douanes de Tanger;

5° La reconnaissance, au profit du Consul d'Espagne, du droit d'expulser les sujets marocains originaires de la zone espagnole;

6° La suppression du tabor d'artillerie.

Toutes ces demandes ne pouvaient être admises indistinctement.

Le gouvernement français écarta les demandes qui portaient atteinte à la souveraineté du Sultan ou celles qui remettaient en question le régime de Tanger; mais il se déclara prêt à accueillir favorablement toutes celles qui ne rentraient pas dans l'une ou l'autre catégorie.

---

1. Sur ces deux présides espagnols, on peut consulter notre ouvrage :

Les relations de l'Espagne et du Maroc au XVIIe et XVIIIe siècles.

2. Dès le XIIIe siècle, des bulles des Papes avaient donné l'apostolat du Maroc aux Franciscains espagnols.

Sur cette base, intervint bientôt une entente complète[1] qui fut constatée, le 7 février 1924, par un échange de lettres entre M. Poincaré, président du Conseil, et M. Quinonès de Leon, ambassadeur d'Espagne à Paris[2].

Dans ces lettres, le gouvernement français consentait à préciser et à interpréter plusieurs articles de la convention, conformément aux demandes du gouvernement espagnol[3]. En outre, il s'engageait à faire une démarche auprès de Sa Majesté chérifienne en vue d'obtenir que les sources alimentant Ceuta et Melilla, ainsi que les chaussées y conduisant, fussent placées sous la souveraineté espagnole.

L'incident étant ainsi réglé amiablement, les plénipotentiaires espagnols signèrent le protocole par lequel l'Espagne retirait toutes les réserves qui avaient été faites à la date du 18 décembre 1923[4].

II. — *Ratification de la convention.*

La convention du 18 décembre 1923, définitivement signée par les plénipotentiaires espagnols, ne fut ratifiée qu'après un certain temps, parce qu'il fallut obser-

1. Cette entente fut facilitée par l'ambassadeur britannique qui invita le général Primo de Rivera à modérer ses exigences et à adhérer à la convention.
Bulletin du Comité de l'Afrique française, 1924, p. 81.

2. Ces lettres sont reproduites intégralement dans le *Bulletin du Comité de l'Afrique française*, 1924, p. 82.

3. Articles 11, 13, 20, 29, 34, 45 et 47 de la Convention du 18 décembre 1923.

4. Ces plénipotentiaires ont fait connaître, dans le journal *El Debate*, les raisons pour lesquelles le gouvernement espagnol avait donné son adhésion définitive au Statut.
Bulletin du Comité de l'Afrique française, 1924, p. 173.

ver les formalités et les délais prescrits par les constitutions des trois Etats signataires [1].

En France, on estima que la convention ne rentrait pas dans l'énumération de l'article 8 de la loi constitutionnelle du 13 juillet 1875 et que, dès lors, elle pouvait être ratifiée par le Président de la République sans l'approbation des Chambres [2].

Le 14 mai 1924, les trois puissances contractantes firent à Paris le dépôt des ratifications [3].

III. — *Communication de la convention à certaines puissances.*

En exécution de l'engagement qu'ils avaient pris, les trois gouvernements communiquèrent la convention du 18 décembre 1923 aux puissances signataires de l'Acte d'Algésiras en vue d'obtenir leur adhésion [4].

Plusieurs de ces puisances s'empressèrent de donner une réponse favorable sous la seule réserve que les formes constitutionnelles seraient observées [5].

La Belgique manifesta d'abord quelques exigences, mais elle ne tarda pas à se raviser et à adhérer [6].

---

1. *Bulletin du Comité de l'Afrique française*, 1924, p. 395.

2. La constitution espagnole du 30 juin 1876 contient un article 55 analogue à l'article 8 de notre loi constitutionnelle.

3. La Convention a été promulguée en France par le décret du 22 mai 1924.

Journal officiel, 29 mai 1924, p. 4789.

4. Article 55 de la Convention.

5. L'adhésion des gouvernements hollandais et portugais fut subordonnée à l'approbation des Parlements.

Bulletin du Comité de l'Afrique française, 1924, p. 658.

6. *Bulletin du Comité de l'Afrique française*, 1924, pp. 293 et 658.

Deux autres puissances soulevèrent des difficultés plus sérieuses.

D'une part, les Etats-Unis voulurent être renseignés sur la manière dont le régime de l'égalité économique entre les nations serait appliqué dans la zone de Tanger. Il fallut leur donner des éclaircissements et des assurances : de là, un échange de vues qui eut lieu entre le gouvernement français et le gouvernement américain[1].

D'autre part, l'Italie fit comprendre qu'elle ne donnerait son adhésion que moyennant certaines concessions. Non seulement, elle entendait participer, comme la France et l'Espagne, au contrôle des douanes de Tanger et à l'administration de travaux publics; mais, encore, elle réclamait pour ses ressortissants des emplois de magistrats dans le tribunal mixte ou d'officiers dans la gendarmerie de la zone.

Pour appuyer ses revendications, le Cabinet de Rome eut recours à un procédé peu courtois[2]. Au mois de juillet 1924, il nomma un nouveau ministre plénipotentiaire à Tanger, sans tenir compte de la clause qui remplaçait les agents diplomatiques par des consuls généraux[3]. En agissant de la sorte, il voulut montrer qu'il considérait la convention du 18 décembre 1923 comme non avenue.

Une semblable attitude se comprenait d'autant moins que l'Italie, dans les accords de 1900-1902, s'était complètement désintéressée du Maroc. Au reste, son refus d'adhérer ne pouvait avoir d'autre conséquence que le

---

1. *Bulletin du Comité de l'Afrique française*, 1924, p. 658; et 1925, p. 32.

2. *Bulletin du Comité de l'Afrique française*, 1924, p. 175.

3. Article 49 de la Convention.

maintien des capitulations pour elle et ses ressortissants.

Quoique signataires de l'Acte d'Algésiras, certaines puissances ne furent pas invitées à donner leur adhésion :

1° L'Allemagne, l'Autriche et la Hongrie qui, d'après les traités de paix avaient renoncé aux droits et privilèges résultant de cet acte[1];

2° La Russie qui avait cessé d'être représentée à Tanger.

IV. — *Interprétation de la convention.*

L'interprétation ou l'application des clauses de la convention du 18 décembre 1923 pourra donner lieu à des différends entre les trois puissances contractantes. Si ces différends ne peuvent se régler par la voie diplomatique, c'est-à-dire au moyen de négociations directes, ils devront être portés devant la Cour permanente de justice internationale qui a été instituée par l'article 14 du Traité de Versailles.

Du reste, les parties litigantes ne sont pas tenues de soumettre leurs différends à cette juridiction internationale; elles pourront, d'un commun accord, les porter devant la Cour permanente d'arbitrage établie par les

---

1. Articles 141 et suiv. du Traité de Versailles; articles 96 et suiv. du Traité de Saint-Germain-en-Laye; articles 80 et suiv. du Traité de Trianon.

Ces clauses sont applicables au Maroc tout entier, par conséquent à la zone de Tanger comme aux zones françaises et espagnoles.

Voir, à ce sujet, notre monographie :

Le Traité de Versailles et le protectorat de la France au Maroc, p. 10, note 4.

Conférences de La Haye du 29 juillet 1899 et du 18 octobre 1907 [1].

V. — *Durée de la convention.*

La convention du 18 décembre 1923 a été conclue pour une durée de douze ans à partir de sa ratification [2].

On peut trouver ce laps de temps bien court lorsqu'on se rappelle les laborieuses négociations auxquelles a donné lieu l'établissement du régime nouveau.

Il faut noter, toutefois, que le statut pourra, grâce à certains tempéraments, être maintenu pendant un plus grand nombre d'années.

D'abord, si aucune des puissances contractantes ne demande la revision six mois au moins avant l'expiration des douze ans, la convention sera renouvelée de plein droit pour une ou plusieurs périodes de la même durée.

Ensuite, pendant la révision demandée par l'une des puissances contractantes et effectuée d'un commun accord, la convention continuera à s'appliquer [3].

VI. — *Mise en vigueur de la convention.*

La convention du 18 décembre 1923 est entrée en vigueur à la date du dépôt des ratifications, c'est-à-dire au 14 mai 1924. A partir de ce moment, les puissances

---

1. Article 54 de la Convention.

2. Article 56 de la Convention.
Nous rappelons que les ratifications ont été déposées le 14 mai 1924.

3. Article 56 § 4 de la Convention.
Ce paragraphe n'est pas rédigé d'une façon satisfaisante.

contractantes ont poursuivi l'exécution des clauses qui avaient pour objet :

a) La désignation du Mendoub[1];
b) La nomination des fonctionnaires[2];
c) La constitution de l'assemblée législative[3];
d) La constitution du tribunal mixte[4];
e) La rédaction des Codes[5];
f) La rédaction des textes réglementaires et fiscaux[6];
g) La formation du Comité de contrôle[7].

---

1. Mohammed ben Achrine, pacha de Fez-Djedid, a été désigné par le Sultan comme Mendoub.
Bulletin du Comité de l'Afrique française, 1924, pp. 293 et 657.

2. M. Alberge (français) a été nommé administrateur de la zone.
Bulletin du Comité de l'Afrique française, 1925, p. 102.

3. L'Assemblée législative a tenu sa séance d'ouverture le 16 février 1925.
Bulletin du Comité de l'Afrique française, 1925, p. 102.

4. Le tribunal mixte n'a pu fonctionner qu'à partir du 1er juin 1925.
Bulletin du Comité de l'Afrique française, 1925, p. 263.

5. D'après l'article 32 de la Convention, les Codes devaient être établis par une commission mixte dans le délai de trois mois à compter de la signature de la Convention; mais ils ne purent être rédigés dans un délai si court et ils furent promulgués seulement à la date du 15 janvier 1925.
Bulletin du Comité de l'Afrique française, 1925, p. 205.

6. D'après l'article 32, ces textes devaient être établis par une commission mixte dans le même délai de trois mois, mais leur rédaction donna lieu à des difficultés qui prirent fin seulement en 1925.
PERTINAX. Tanger, *Echo de Paris,* 3 juin 1925.

7. Le Comité de contrôle s'est réuni pour la première fois à la date du 27 janvier 1925.
Bulletin du Comité de l'Afrique française, 1925, p. 102.

CHAPITRE II

Description du Statut

Les dispositions du statut s'appliquent à la zone de Tanger délimitée par l'accord franco-espagnol du 27 novembre 1912[1]. Elles se trouvent contenues dans la convention du 18 décembre 1923[2] et dans les deux dahirs annexés à cette convention[3].

Nous allons étudier ces dispositions, en les groupant sous les rubriques suivantes :

Maintien de la souveraineté du Sultan dans la zone;
Condition juridique de la zone;
Organisme international de la zone;
Ressources et charges de la zone;
Administration de la zone;
Juridiction internationale de la zone.

---

1. Au sujet de cette délimitation, voir ce qui est dit à la page 16.

2. Cette convention est relative à l'organisation du statut : elle se trouve reproduite dans le *Journal officiel* du 29 mai 1924, p. 4789, et dans le *Bulletin du Comité de l'Afrique française*. 1923, p. 657.

3. L'un de ces dahirs est relatif à l'administration de la zone et l'autre est relatif à la juridiction internationale de la zone : ils se trouvent reproduits à la suite de la Convention.

§ 1er. — Maintien de la souveraineté du Sultan.

Le Sultan est reconnu comme souverain de la zone de Tanger.

A cet égard, le point de vue du gouvernement français se trouve consacré par la convention du 18 décembre 1923. Comme on l'a fait remarquer, « le principe « dominant de la politique française était le maintien « à Tanger de la souveraineté du Sultan; sur ce point, « les négociateurs, revenant sur les dispositions du pro- « jet de 1912, ont admis de reconnaître et de confirmer à « Tanger l'autorité souveraine du Sultan[1] ».

I. — *Manifestation de cette souveraineté.*

La souveraineté du Sultan se manifeste dans la zone par la présence d'un Mendoub[2], chargé d'administrer les populations musulmane et israëlite[3].

Le Mendoub qui représente le Sultan et qui est désigné par lui, a des attributions nombreuses[4] :

a) Il exerce, à l'égard de la population indigène, les pouvoirs d'administration et de juridiction dévolus aux

---

1. Note officieuse publiée le 18 décembre 1923.
Bulletin du Comité de l'Afrique française, 1923, p. 656.

2. Le mot *Mendoub* est traduit exactement par le mot *délégué.*

3. Jusqu'alors, la population israélite était administrée par un cheikh relevant directement du Pacha. D'après l'article 47 de la Convention du 18 décembre 1923, elle doit désormais être régie par un statut administratif et juridique que les trois puissances se sont engagées à élaborer.

4. Le Mendoub remplace le Naïb et le Pacha dont les fonctions sont supprimées.

pachas et caïds dans l'Empire chérifien. En conséquence, il doit veiller à ce que cette population respecte l'ordre public, observe les clauses générales du statut et paie les impôts dus par elle[1];

b) Il a le droit d'expulsion, non seulement à l'égard des sujets marocains, mais encore à l'égard des étrangers justiciables du tribunal mixte. Toutefois, il ne peut expulser ces derniers qu'après avis conforme pris par l'assemblée des titulaires du tribunal.

L'expulsion est de droit, lorsqu'elle est demandée par le consul de l'intéressé[2];

c) Il participe à la formation et au fonctionnement de l'assemblée législative internationale :

Il désigne les membres musulmans et israëlites appelés à siéger dans cette assemblée[3];

Il préside cette même assemblée et peut intervenir dans ses délibérations[4];

Il signe pour promulgation et exécution les textes législatifs et réglementaires[5].

Dans l'exercice de ses fonctions, il est assisté par deux Khalifas.

---

1. Article 29 de la Convention et article 4 du dahir sur l'administration de la zone.

2. Article 29 de la Convention et article 4 du dahir sur l'administration de la zone.

3. Article 34 de la Convention et article 20 du dahir sur l'administration de la zone.

4. Article 29 de la Convention et article 4 du dahir sur l'administration de la zone.

Il convient de remarquer que le Mendoub n'est pas membre de l'Assemblée législative et n'est pas élu président par cette Assemblée.

5. Articles 4 et 27 du dahir sur l'administration de la zone.

II. — *Limitation de cette souveraineté.*

Au point de vue extérieur, la souveraineté du Sultan subit une limitation notable dans la zone de Tanger comme d'ailleurs dans tout l'Empire chérifien.

Cette limitation résulte du traité de protectorat du 30 mars 1912[1]. En effet, d'après les articles 5 et 6 du traité[2], la France a le monopole des relations diplomatiques entre les gouvernements étrangers et le Sultan[3]. De cette idée générale, on peut déduire deux conséquences :

a) A l'étranger, la protection des sujets marocains de la zone sera confiée aux agents diplomatiques et consulaires français[4];

b) A Tanger, les agences diplomatiques sont supprimées; elles seront remplacées par des consulats[5].

Quoique le gouvernement français soit seul chargé des relations diplomatiques du Sultan avec les puissances étrangères, les autorités qualifiées de la zone pourront traiter avec les consuls de ces puissances les ques-

1. Sur ce traité, voir notre ouvrage :
Traités et accords concernant le protectorat de la France au Maroc, pp. 35 et suiv.

2. Le Sultan a perdu le droit de légation actif et passif : en outre, il ne peut conclure aucun traité sans l'assentiment du gouvernement français.

3. Discours prononcé, le 13 février 1913, par M. Jonnart, ministre des Affaires étrangères, devant la Commission des Affaires extérieures.
Bulletin du Comité de l'Afrique française, 1913, p. 73.

4. Article 6 de la Convention et article 1er du dahir sur l'administration de la zone.

5. Article 49 de la Convention.

tions intéressant la zone dans la limite de son autonomie[1].

III. — *Délégation des droits de souveraineté.*

Sous certaines réserves, le Sultan délègue ses droits de souveraineté à la zone de Tanger.

A. **Droits de souveraineté réservés.** — Le Sultan se réserve les droits d'administration et de juridiction à l'égard de la population indigène[2].

Ces droits seront exercés d'abord par le Mendoub qui est investi des pouvoirs du Pacha[3]. Ils seront aussi exercés par d'autres fonctionnaires marocains, notamment par le Cadi, les membres du Chrâa et les agents des Habous[4].

B. **Droits de souveraineté délégués.** — Le Sultan délègue à la zone les autres droits de souveraineté :

1° *Droits de législation et d'administration.* — Le Sultan délègue à l'organisme international ses pouvoirs législatifs et administratifs les plus étendus.

Cette délégation est générale et permanente[5].

---

1. Article 5 de la Convention et article 1er du dahir sur l'administration de la zone.

2. Article 1er du dahir sur l'administration de la zone.

3. Article 29 de la Convention et article 4 du dahir sur l'administration de la zone.

4. Article 25 de la Convention et article 6 du dahir sur l'administration de la zone.

Le *chrâa* est la justice rendue suivant le Coran et les livres qui en dérivent.

Les *habous* sont des biens rendus inaliénables, dont la jouissance est attribuée à des corporations, confréries, mosquées, écoles, etc...

5. Article 5 de la Convention et article 9 du dahir sur l'administration.

2° *Droit de juridiction.* — Le Sultan délègue au tribunal mixte son droit de juridiction à l'égard des ressortissants des puissances étrangères.

Cette délégation est certaine, puisque le tribunal mixte rend la justice au nom de Sa Majesté chérifienne[1].

Du reste, le Sultan, en déléguant son pouvoir de juridiction au tribunal mixte, conserve certaines prérogatives importantes :

a) Il nomme et révoque les membres du tribunal[2];

b) Il peut remettre et commuer les peines criminelles, correctionnelles ou de simple police prononcées par les juridictions répressives;

c) Il donne son assentiment à l'exécution des peines capitales[3];

d) Il peut, dans les cas de revision, ordonner que l'affaire jugée définitivement par une juridiction répressive soit soumise de nouveau à la même juridiction autrement composée[4].

§ 2. — Condition juridique de la zone.

Il convient de déterminer la condition juridique de la zone au point de vue extérieur et au point de vue intérieur :

I. — *Condition juridique de la zone au point de vue extérieur.*

A. **Neutralité permanente de la zone.** — La zone de Tanger est placée sous le régime de la neutralité permanente[5]. De là, les conséquences suivantes :

1. Article 18 du dahir sur la juridiction internationale.
2. Article 1er du même dahir.
3. Article 11 du même dahir.
4. Article 12 du même dahir.
5. Article 3 de la Convention.

a) Aucun acte d'hostilité sur terre, sur mer ou par air ne pourra être accompli par vous contre la zone;

b) Aucune fortification ne pourra être élevée dans la zone.

Par exception, l'administration de la zone pourra élever des ouvrages de défense peu importants sur le front de terre. Du reste, ces ouvrages seront soumis à l'inspection des officiers attachés aux consulats;

c) Aucun établissement militaire terrestre, naval ou aéronautique ne pourra être créé ou maintenu dans la zone.

Les aérodromes civils pourront y être établis, mais ils seront soumis à l'inspection déjà mentionnée.

Les approvisionnements aéronautiques ne pourront dépasser les quantités nécessaires à l'aviation civile ou commerciale.

Toute l'aviation civile ou commerciale à destination, en provenance ou à l'intérieur de la zone sera assujettie aux lois et aux dispositions de la convention portant règlementation de la navigation aérienne[1];

d) Aucun dépôt de munitions ou de matériel de guerre ne pourra être établi.

Par exception, l'administration de la zone pourra constituer des dépôts de munitions ou de matériel pour les besoins de la défense locale contre les incursions des tribus ennemies. Ces dépôts seront soumis à l'inspection déjà mentionnée;

e) Aucun convoi de ravitaillement, ni aucune troupe ne pourront passer sur le territoire de la zone.

Par exception, les convois de ravitaillement et les troupes à destination ou en provenance des zones française ou espagnole pourront, après avis préalable à l'adminis-

---

1. Convention internationale du 13 octobre 1919.

tration de la zone, utiliser le port et les voies de communication reliant ce port à leur zone respective, pour le passage à l'entrée et à la sortie[1]. Du reste, les gouvernements français et espagnol n'useront de cette faculté qu'en cas de nécessité réelle et pendant le temps strictement nécessaire[2];

f) Tout navire de guerre qui viendra dans le port de Tanger devra, dans la mesure du possible, donner avis préalable de sa visite à l'administration de la zone[3];

g) La surveillance de la contrebande des armes et munitions de guerre dans les eaux territoriales de la zone sera exercée conjointement par les forces navales françaises, anglaises et espagnoles[4].

B. Traités marocains applicables à la zone. — Il convient de distinguer les traités existants et les traités futurs :

1° *Traités existants.* — Les traités particuliers ou collectifs qui étaient en vigueur dans l'Empire chérifien au moment de la ratification de la convention du 18 décembre 1923, continueront à s'appliquer à la zone de Tanger[5]. Tels sont les traités consacrant le principe de l'égalité économique entre les nations[6].

---

1. Aucune taxe ne peut être perçue à raison de ce passage.
2. Ce délai ne pourra dépasser huit heures pour les troupes armées.
3. L'autorisation de l'administration n'est pas nécessaire pour cette visite.
4. Article 4 de la Convention.
Les délinquants seront déférés au tribunal mixte.
5. Article 7 de la Convention.
6. L'article 105 de l'Acte d'Algésiras affirme ce principe.

2° *Traités futurs.* — Les traités que le Sultan conclura à l'avenir, ne s'étendront à la zone de Tanger qu'avec l'assentiment de l'assemblée législative. Par exception, s'étendront de plein droit à la zone les accords internationaux auxquels toutes les puissances signataires de l'Acte d'Algésiras auront participé ou adhéré[1].

En outre des traités concernant l'Empire chérifien, il faut encore considérer comme applicables à la zone de Tanger les clauses des traités de paix de Versailles, de Saint-Germain et de Trianon qui tendent à exclure du Maroc les Allemands, les Autrichiens et les Hongrois[2]. En conséquence, les ressortissants allemands, autrichiens et hongrois, ne pourront se prévaloir des dispositions du statut[3].

C. **Relations de la zone tangéroise avec les deux autres zones.** — Les relations de la zone de Tanger avec les zones française et espagnole sont réglées, à divers égards, par la convention du 18 décembre 1923 :

1° *Maintien de l'ordre.* — Il est défendu de se livrer dans la zone de Tanger à toute agitation ou préparation d'entreprise contre l'ordre établi dans les zones française et espagnole[4].

2° *Recouvrement des redevances minières.* — Les redevances proportionnelles d'extraction doivent appartenir à la zone où la mine est située, alors même qu'elles

1. Article 8 de la Convention.

2. Articles 141 et suiv. du Traité de Versailles.
Articles 96 et suiv. du traité de Saint-Germain.
Articles 40 et suiv. du traité de Trianon.

3. Articles 8 et 9 de la Convention.

4. Article 10 de la Convention.

seraient recouvrées à la sortie par un bureau de douane d'une autre zone[1].

3° *Perception des droits de douane.* — La douane de Tanger ne perçoit que les droits afférents aux marchandises destinées à la consommation exclusive de la zone tangéroise. Les droits afférents à des marchandises qui doivent être consommées dans les zones française et espagnole, sont perçus au bureau de douane de la zone de consommation[2].

4° *Modification ou abrogation des Codes.* — Les Codes applicables à la zone de Tanger ne peuvent être ni modifiés, ni abrogés qu'après accord entre les zones française et espagnole et le comité de contrôle statuant à l'unanimité[3].

5° *Fonctionnement de la justice.* — Les relations des autorités judiciaires de la zone française ou de la zone espagnole avec le tribunal mixte sont réglées par l'accord du 29 décembre 1916 réglant les rapports entre les autorités judiciaires de ces deux zones[4].

6° *Passage des convois et des troupes.* — Les convois et les troupes à destination ou en provenance des zones française et espagnole ne peuvent passer sur le territoire de la zone de Tanger que dans les conditions déjà indiquées[5].

---

1. Article 19 de la Convention.
2. Article 20 de la Convention.
3. Article 32 de la Convention.
4. Article 48 de la Convention.
5. Article 3 de la Convention.

7° *Participation aux emprunts chérifiens.* — La quote-part pour laquelle la zone de Tanger doit participer aux emprunts chérifiens est annuellement fixée sur les chiffres des recettes douanières après accord avec les deux autres zones[1].

II. — *Condition juridique de la zone au point de vue intérieur.*

A. Autonomie de la zone. — La zone est autonome.

Elle est représentée par un organisme propre[2].

Elle a un budget propre[3].

Elle peut avoir un office propre interurbain des postes, télégraphes et téléphones[4].

B. Limitation de cette autonomie. — L'autonomie de la zone est circonscrite dans certaines limites :

a) L'autonomie de la zone ne peut porter atteinte aux droits souverains non délégués par le Sultan. En conséquence, les droits d'administration et de juridiction à l'égard de la population indigène continuent à être exclusivement exercés par le Mendoub et les fonctionnaires chérifiens[5];

b) L'autonomie de la zone ne peut porter atteinte aux

---

1. Article 21 de la Convention.

2. Article 1er de la Convention.

3. Article 46 de la Convention.

4. Article 14 de la Convention.
Cet office ne peut être créé qu'avec l'avis unanime du Comité de contrôle. A défaut de cette création, les puissances signataires de l'Acte d'Algésiras pourront conserver les bureaux postaux qu'elles possédaient lors de la mise en vigueur de la Convention.

5. Article 25 de la Convention.

droits et privilèges concédés, conformément à l'Acte d'Algésiras, à la Banque d'Etat du Maroc pour tout le territoire de l'Empire[1]. En conséquence, cette banque continue à jouir dans la zone de tous les droits qu'elle tient de son acte de concession et du règlement du 9 novembre 1906. Par contre, elle doit remplir, à l'égard de l'administration de la zone, toutes les obligations lui incombant d'après les mêmes actes[2];

c) L'autonomie de la zone ne peut porter atteinte aux droits et privilèges concédés, conformément à l'Acte d'Algésiras, à la Société internationale de régie cointéressée des Tabacs du Maroc pour tout le territoire de l'Empire. En conséquence, cette société continue à jouir dans la zone de tous les droits qu'elle tient de son acte de concession. Par contre, l'administration de la zone doit bénéficier du droit de 2 1/2 % perçu sur les tabacs importés par Tanger[3];

d) L'autonomie de la zone ne peut porter atteinte aux droits des Etats ou Compagnies qui possédaient des câbles télégraphiques lors de la mise en vigueur de la convention[4];

e) L'autonomie de la zone ne peut porter atteinte aux écoles et établissements qui appartenaient aux puissances signataires de l'Acte d'Algésiras lors de la mise en vigueur de la convention. En conséquence, l'administra-

---

1. Article 31 et suiv. de l'Acte d'Algésiras.

2. Article 22 de la Convention.
La Banque d'Etat doit désigner un représentant chargé d'assurer les relations avec l'administration de la zone.

3. Article 24 de la Convention.
Le prix de la vente des tabacs dans la zone tangéroise est celui de la zone française.

4. Article 14 de la Convention.

tion de la zone doit laisser fonctionner ces écoles et établissements [1];

f) L'autonomie de la zone ne peut porter atteinte au libre exercice des cultes reconnus par la convention. En conséquence, l'administration de la zone doit laisser les indigènes accomplir leurs pratiques traditionnelles et leurs fêtes religieuses avec le cérémonial usité [2];

g) L'autonomie de la zone ne peut porter atteinte au régime de l'égalité économique entre les nations qui résulte des traités en vigueur. L'administration de la zone devra faire observer ce régime, même si les traités venaient à être modifiés ou abrogés [3];

h) L'autonomie de la zone ne peut porter atteinte aux dispositions d'ordre public insérées dans la convention. En conséquence, l'administration de la zone doit faire observer :

La disposition qui interdit les jeux de hasard [4];

La disposition qui indique l'arabe, le français et l'espagnol comme seules langues officielles [5];

La disposition qui attribue valeur libératoire au franc marocain et à la monnaie espagnole [6].

---

1. Article 12 de la Convention.

De nouvelles écoles et établissements ne pourront être créés à l'avenir que conformément aux règlements promulgués.

2. Articles 11 et 26 de la Convention.

3. Article 7 de la Convention.

4. Article 52 de la Convention.

5. Article 51 de la Convention.

6. Article 23 de la Convention.

Le taux d'échange entre les deux monnaies est déterminé chaque jour par la Banque d'Etat du Maroc, après contrôle et visa du directeur des finances.

Le budget et les tarifs doivent être établis en francs marocains.

§ 3. — ORGANISME INTERNATIONAL DE LA ZONE. ...

Un organisme international est chargé d'administrer la zone au nom et par délégation du Sultan. Il est composé d'une assemblée législative et d'un adimnistrateur qui exercent leurs attributions sous la surveillance d'un Comité de contrôle. Le Gouvernement chérifien ne peut encourir aucune responsabilité à raison des dommages causés par le fait de cet organisme[1].

I. — *Assemblée législative.*

Le pouvoir législatif et réglementaire appartient à une Assemblée législative internationale[2].

A. Composition de l'Assemblée. — L'Assemblée législative se compose de vingt-six membres des communautés étrangères et indigènes[3].

1° *Répartition et désignation de ces membres.* — Les membres des communautés étrangères se répartissent ainsi : 4 français, 4 espagnols, 3 britanniques, 2 italiens, 1 américain, 1 belge et 1 hollandais[4].

---

1. Article 9 du dahir sur l'administration de la zone.

2. Il convient de noter que le pouvoir réglementaire n'appartient pas à l'organe exécutif.

3. Article 34 de la Convention et article 20 du dahir sur l'administration de la zone.

4. Cette répartition est faite en tenant compte du nombre des ressortissants, du chiffre du commerce général, des intérêts immobiliers et de l'importance du trafic à Tanger des différentes puissances signataires de l'Acte d'Algésiras.

Ils sont désignés par leurs consulats respectifs[1].

Les membres des communautés indigènes se répartissent ainsi : 6 membres musulmans et 3 membres israëlites. Ils sont désignés par le Mendoub[2].

On pourvoit au remplacement des membres décédés ou démissionnaires suivant la même procédure.

2° *Conditions d'aptitude requises de ces membres.* — Tout membre de l'assemblée législative doit réunir les conditions suivantes :

Occuper à titre de propriétaire ou de locataire un local porté au rôle de la taxe urbaine ou rurale pour une valeur locative de 600 francs marocains;

Etre âgé d'au moins 25 ans;

Résider depuis une année dans la zone;

Ne peuvent faire partie de l'assemblée ni les fonctionnaires de carrière des consulats, ni les fonctionnaires appointés par l'administration de la zone[3].

3° *Durée du mandat donné à ces membres.* — Le mandat est donné pour une durée de quatre ans. A l'expiration de ce délai, une nouvelle assemblée est constituée dans le délai d'un mois.

Les pouvoirs des membres peuvent être renouvelés[4].

---

1. Chaque colonie étrangère élit un certain nombre de candidats parmi lesquels le consul général désigne les membres de l'Assemblée.

Bulletin du Comité de l'Afrique française, 1924, p. 586.

2. Le Mendoub désigne les membres israélites sur une liste de 9 candidats présentée par la communauté israélite.

3. Article 21 du dahir sur l'administration de la zone.

Les membres étrangers doivent avoir la nationalité du consulat qui les désigne.

4. Article 22 du dahir sur l'administration de la zone.

Les fonctions des membres de l'assemblée sont gratuites.

B. Attributions de l'Assemblée. — L'assemblée exerce le pouvoir législatif et réglementaire. Toutefois, l'exercice de ce pouvoir subit des restrictions [1].

D'abord, l'assemblée ne peut modifier ou abroger les codes qu'après un accord entre les zones voisines et le comité de contrôle statuant à l'unanimité [2].

Ensuite, elle ne peut abroger ou modifier les textes réglementaires ou fiscaux pendant une première période de deux ans et, après l'expiration de cette période, elle ne peut les abroger ou les modifier qu'avec l'assentiment du comité de contrôle statuant à la majorité des trois quarts des voix [3].

L'assemblée a des attributions particulièrement importantes en matière financière.

Elle peut, de sa propre initiative ou sur la proposition de l'administrateur, créer les impôts et les taxes qu'elle juge nécessaires avec l'approbation du comité de contrôle [4].

Elle approuve le budget préparé et présenté par l'administrateur [5].

C. Fonctionnement de l'Assemblée. — Au point de vue de son fonctionnement, l'assemblée doit se conformer à certaines dispositions.

---

1. Article 32 de la Convention et 28 du dahir sur l'administration de la zone.

2. Ces Codes ont été rédigés par une Commission de thecniciens, conformément à l'article 32 de la Convention.

3. Ces textes réglementaires et fiscaux ont été rédigés par une Commission de thecniciens, conformément aux articles 32 et 33 de la Convention.

4. Article 45 du dahir sur l'administration de la zone.

5. Article 52 du même dahir.
Le règlement du budget est aussi soumis à son approbation.

1° *Présidence.* — L'assemblée est présidée par le Mendoub. Elle nomme annuellement trois vice-présidents : un français, un anglais et un espagnol, chargés d'assister et de suppléer le président[1].

Comme on le voit, le président, à la différence des vice-présidents, n'est pas élu par l'assemblée : il lui est imposé par une clause de statut.

2° *Sessions.* — L'assemblée se réunit de droit chaque mois en session ordinaire. Elle peut se réunir en session extraordinaire toutes les fois que son président ou l'administrateur le jugent utile ou que neuf de ses membres en font la demande[2].

3° *Ordre du jour.* — Les questions sur lesquelles l'assemblée est appelée à statuer sont portées à l'ordre du jour par l'administrateur, d'accord avec le bureau. Aucune question dépassant la compétence de l'assemblée ne peut être inscrite à son ordre du jour. En cas de refus du bureau d'inscrire une question à l'ordre du jour, appel de cette décision pourra être fait devant le comité de contrôle, sur la demande motivée de l'administrateur ou sur la demande signée de neuf membres[3].

4° *Délibérations.* — L'assemblée ne peut délibérer valablement qu'autant que dix-huit de ses membres sont présents ou représentés[4]. Lorsque les membres ne sont pas en nombre suffisant pour délibérer valablement, l'administrateur, d'accord avec le bureau, procède à une seconde convocation pour une nouvelle réunion qui ne

---

1. Article 22 du dahir sur l'administration de la zone.
2. Article 22 du même dahir.
3. Article 22 du même dahir.
4. Article 23 du même dahir.

peut avoir lieu qu'après un délai de quarante-huit heures. Lors de cette seconde réunion, les délibérations sont valables, quel que soit le nombre des membres présents.

Les délibérations sont prises à la majorité des voix des membres présents ou représentés[1]; en cas d'égalité des voix, le vote n'est pas acquis.

Les membres ne peuvent pas prendre part aux délibérations concernant des affaires dans lesquelles ils ont un intérêt[2].

Le Mendoub peut intervenir dans les délibérations, mais il ne peut pas prendre part au vote[3].

Les textes législatifs votés et les délibérations prises par l'assemblée doivent, dans un délai de huit jours, être transmis par l'administrateur au comité de contrôle, qui peut exercer son droit de veto ou d'annulation[4].

5° *Règlement intérieur.* — L'assemblée doit établir son règlement intérieur dès son installation ou, au plus tard, dans le délai de trois mois. Faute par elle de procéder dans ce délai au vote de son règlement, le comité de contrôle établira un règlement intérieur[5].

D. Dissolution de l'Assemblée. — La dissolution de l'assemblée législative peut être prononcée par une déci-

---

1. Article 23 du même dahir.

En cas d'absence, un membre de l'assemblée peut confier à un de ses collègues le soin de disposer de son vote : il doit, à cet effet, adresser au président de l'assemblée un avis écrit, daté et signé, conformément à l'article 21.

2. Article 23 du même dahir.

3. Article 4 du même dahir.

4. Article 25 du même dahir.

Sur les droits du Comité de contrôle, voir ce qui est dit plus loin.

5. Article 30 du même dahir.

sion motivée du comité de contrôle, prise à la majorité des trois quarts de ses membres. Une nouvelle assemblée doit être constituée dans le délai d'un mois[1].

II. — *Administrateur.*

Le pouvoir exécutif est confié à un Administrateur, qui représente la zone à l'égard des tiers[2].

A. Nomination de l'Administrateur. — Pour une première période de six ans, l'administrateur est de nationalité française; il est nommé par le Sultan, sur la demande du comité de contrôle, à qui il est présenté par le Consul de France. Après cette première période, l'administrateur est nommé par l'assemblée législative, parmi les ressortissants des puissances signataires de l'Acte d'Algésiras.

Le comité de contrôle peut, le cas échéant, soumettre une demande motivée de remplacement de l'administrateur au Sultan qui doit nommer un candidat de même nationalité[3].

B. Attributions de l'Administrateur. — L'administrateur dirige l'administration internationale de la zone.

Il transmet les décisions de l'assemblée législative au comité de contrôle et les notifie aux chefs des divers services, en vue de les faire exécuter[4].

---

1. Article 29 du même dahir.
2. Article 35 de la Convention et article 31 du dahir sur l'administration de la zone.
3. Article 35 de la Convention.
4. Article 31 du dahir sur l'administration de la zone.

Il prépare le budget et le présente à l'assemblée : il en assure l'exécution et procède à son règlement[1].

Il rend exécutoires les rôles et titres de perception[2].

III. — *Comité de contrôle.*

Le fonctionnement des divers organes est surveillé par un Comité de contrôle.

A. Composition du Comité. — Le comité se compose des consuls de carrière des puissances signataires de l'Acte d'Algésiras ou de leurs intérimaires de carrière[3].

B. Organisation du Comité. — Le comité est présidé à tour de rôle par chacun des consuls.

Pour la première fois, la désignation du président est faite par le tirage au sort. Ensuite, le tour de rôle est réglé d'après l'ordre alphabétique des puissances représentées au comité. Si le consul désigné de la sorte pour la présidence ne peut en accepter ou en conserver les fonctions, il est remplacé par le consul de la puissance qui vient après dans l'ordre alphabétique.

Les fonctions du président ne durent qu'un an : elles consistent à convoquer le comité et à lui soumettre les questions de sa compétence.

Chaque membre du comité ne dispose que d'une voix[4].

---

1. Article 52 du même dahir.
2. Article 54 du même dahir.
3. Article 30 de la Convention et article 18 du même dahir. Les consuls de carrière, consules missi, sont des fonctionnaires de l'Etat qui les envoie.
4. Article 30 de la Convention.

C. **Attributions du Comité.** — Le comité de contrôle a pour mission principale de veiller à l'observation des dispositions insérées dans le statut et spécialement à l'observation du régime de l'égalité économique[1].

En raison de cette mission générale, il se trouve investi de divers droits à l'égard de l'assemblée législative.

1° *Droit de veto.* — Le comité peut opposer son veto à la promulgation des textes législatifs ou réglementaires qui sont votés par l'assemblée législative. Il doit exercer ce droit dans le délai de quinze jours à compter de la notification des textes qui lui est faite par l'administrateur. En pareil cas, ses décisions sont prises à la majorité des voix et doivent viser la non-observation des clauses du statut : elles sont notifiées au Mendoub par le président[2].

2° *Droit d'annulation.* — Le comité de contrôle doit annuler les décisions et délibérations de l'assemblée :

Prises en violation de la loi ou des traités;

Prises en dehors des réunions légales de l'assemblée;

Prises sur des questions étrangères aux attributions de l'assemblée;

Prises avec la participation d'un membre intéressé à l'affaire faisant l'objet du vote[3].

3° *Droit d'approbation et d'autorisation.* — Le comité de contrôle est appelé à donner son approbation ou son

---

1. Article 30 de la Convention et article 18 du dahir sur l'administration de la zone.

2. Article 31 de la Convention et article 18 du même dahir. Le Mendoub ne doit pas promulguer les textes législatifs qui ont fait l'objet du veto.

3. Article 26 du même dahir.

autorisation à certaines décisions de l'assemblée législative :

Création d'un office interurbain postal, télégraphique et téléphonique propre à la zone[1];

Création de tout service nouveau[2];

Abrogation ou modification des codes et textes réglementaires[3].

4° *Droit de dissolution.* — Le comité de contrôle peut, par une décision prise à la majorité des trois quarts des voix, prononcer la dissolution de l'assemblée. Avant de procéder à cette mesure grave, il doit, autant que possible, adresser un avertissement[4].

En outre des droits dont il est investi à l'égard de l'assemblée législative, le comité de contrôle à certaines attributions spéciales qui sont indiquées dans de nombreuses dispositions[5].

En principe, le comité de contrôle statue à la majorité des voix; mais, dans certains cas, il doit statuer à la majorité des trois quarts des voix ou même à l'unanimité[6]. Cette exigence a pour but d'éviter que des décisions très graves et peu justifiées soient trop facilement prises par les Consuls des puissances signataires de l'Acte d'Algésiras.

---

1. Article 14 de la Convention.
2. Article 37 du dahir sur l'administration de la zone.
3. Article 32 de la Convention et article 28 du même dahir.
4. Article 29 du même dahir.
5. Articles 35 et 39 de la Convention et articles 48 et 53 du même dahir.
6. Articles 14, 32, 35 et 37 de la Convention.

§ 4. — RESSOURCES ET CHARGES DE LA ZONE.

I. — *Biens remis à la zone par l'Etat chérifien*[1].

L'Etat chérifien remet à la zone de Tanger les biens composant son domaine public et son domaine privé[2], y compris les droits sur les terrains *guich*[3].

Ces biens seront administrés et entretenus par la zone qui en percevra les fruits, mais qui ne pourra les aliéner : à l'expiration de la convention du 18 décembre 1923[4], ils feront retour à l'Etat chérifien[5].

A. Biens du domaine public. — Le domaine public se subdivise en domaine maritime, domaine fluvial, domaine minier et domaine forestier[6].

Dans le domaine maritime sont compris la mer et ses rivages, avec un franc-bord de six mètres de large[7].

---

1. Articles 16, 17 et 18 de la Convention.

2. D'après l'article 15 de la Convention, un représentant du Maghzen et le consul intéressé devaient, dans le délai de six mois, procéder à la révision des détentions de biens qu'occupaient des ressortissants étrangers sans titres réguliers ou en vertu de titres révisables.

3. Les terres *guich* sont des terres concédées par le Maghzen à des tribus exemptées des impôts, mais soumises à un service militaire permanent.

4. La Convention du 18 décembre 1923 n'a qu'une durée de 12 ans, mais elle peut être renouvelée pour des périodes de même durée.

5. Article 16 de la Convention.

6. Cette classification ne correspond pas à la classification du droit français. Ainsi, les forêts domaniales, d'après ce droit, font partie du domaine privé de l'Etat.

7. Il s'agit de la mer territoriale sur laquelle l'Etat a un droit de souveraineté.

Le domaine terrestre comprend :

Les routes de Tanger à Tétouan, Larache, Rabat et au Cap Spartel;

Les voies publiques urbaines;

Les égouts et adductions d'eau.

Dans le domaine fluvial sont compris les cours d'eau [1].

B. Biens du domaine privé. — Le domaine privé comprend tous les immeubles bâtis et non bâtis, inscrits sur les registres des biens maghzen, autres que ceux énumérés précédemment et autres que ceux appartenant personnellement au Sultan [2].

L'Etat chérifien se réserve, pour les services publics, les immeubles suivants [3] :

L'ancienne légation d'Allemagne et ses dépendances [4], le palais du Sultan, la Kasbah et ses dépendances [5], le terrain et le bordj du Marshan [6], le bordj des Mokhaznis [7].

En outre, le Sultan conserve la propriété du phare du Cap Spartel, qui lui a été reconnue par l'article 1er de la convention du 31 mars 1865 [8].

---

1. Article 17 de la Convention et article 41 du dahir sur l'administration de la zone.

2. Article 18 de la Convention et article 42 du même dahir.

3. Article 18 de la Convention et article 42 du même dahir.

4. Aux termes de l'article 144 du Traité de Versailles, les biens de l'Empire et des Etats allemands sont passés de plein droit au Maghzen sans aucune indemnité et par une sorte de confiscation.

5. *Kasbah,* château-fort.

6. *Bordj,* bastion.

7. *Mokhaznis,* cavaliers du Maghzen.

8. Article 53 de la Convention.

Au sujet de la Convention du 31 mars 1865, voir notre ouvrage :

Traités de la France avec le Maroc, p. 174.

II. — *Participation de la zone aux emprunts de l'Etat chérifien*[1].

La zone de Tanger participe pour sa part au Service des emprunts de 1904 et 1910[2]. Cette participation est proportionnelle au montant des recettes douanières encaissées par la zone par rapport aux recettes encaissées dans les ports des trois zones pendant l'année précédente.

Ce montant est annuellement fixé sur les chiffres des recettes douanières, après entente avec les autorités des deux autres zones.

III. — *Droits et obligations de la zone résultant des concessions.*

A. Droits et obligations résultant de la concession du port de Tanger. — L'Etat chérifien délègue à la zone :

1° Les droits et charges qu'il tient du contrat de concession du port en date du 21 juin 1921[4];

---

1. Article 21 de la Convention.

2. Contrat d'emprunt, passé le 12 juin 1904, entre Si Mohammed Ettazi, ministre des finances de S. M. Chérifienne et M. Zanganussiano, fondé de pouvoir de la Banque de Paris.

Contrat d'emprunt, passé le 17 mai 1910, entre El Mokri, ministre des finances de S. M. Chérifienne et M. Demachy, président de la Banque d'Etat du Maroc.

3. Articles 40, 41 et 42 de la Convention.

4. Un dahir du 2 juin 1921 avait accordé la concession du port à la Société internationale pour le développement de Tanger qui prit le nom de Société du Port.

Ce dahir fut confirmé par une convention que signèrent, le 13 décembre 1923, les experts de la France, de l'Espagne et de l'Angleterre.

Bulletin du Comité de l'Afrique française, 1921, p. 177; 1922, p. 509; 1924, p. 65, et 1925, p. 154.

2° La reprise par déchéance, rachat et fin de concession au profit de la zone.

La zone exécutera intégralement les obligations incombant au gouvernement chérifien d'après le contrat de concession; elle paiera les annuités du capital, garanti par ce gouvernement, au moyen d'un prélèvement en priorité sur les produits des douanes et les bénéfices de l'exploitation du port. Elle devra aussi soumettre à l'approbation du gouvernement chérifien toute modification aux clauses du contrat, toute cession de l'entreprise, la déchéance et le rachat.

Une commission du port est chargée du contrôle sur l'exécution des travaux de construction et d'entretien, ainsi que sur les fournitures du matériel de l'exploitation; elle doit, en outre, veiller à l'observation du régime de l'égalité économique dans l'exploitation du port.

Cette commission se compose d'un représentant du gouvernement chérifien, d'un représentant de l'assemblée législative et d'un représentant du comité de contrôle. L'ingénieur des travaux d'Etat de la zone assiste aux séances avec voix délibérative, et l'administrateur y assiste avec voix consultative [1].

B. Droits et obligations résultant de la concession du chemin de fer de Tanger-Fez [2]. — En ce qui concerne ce chemin de fer [3], la zone de Tanger a les droits et obligations qui lui reviennent d'après le protocole

---

1. Article 41 de la Convention.

Les travaux du port ont été adjugés le 27 novembre 1924. *Bulletin du Comité de l'Afrique française*, 1924, p. 657, et 1925, p. 154.

2. Article 44 de la Convention.

3. Sur l'historique du chemin de fer, consulter :
Bulletin du Comité de l'Afrique française, 1923, p. 575.

franco-espagnol du 27 novembre 1912 [1] et la concession du 18 mars 1914 [2].

C. **Droits et obligations résultant des concessions accordées dans la zone.** — En ce qui concerne les concessions accordées avant la mise en vigueur de la convention, la zone de Tanger a, sauf stipulation contraire, tous les droits et obligations résultant de ces concessions. Quant aux concessions accordées dans l'avenir par la zone de Tanger pour un délai dépassant la durée de convention ou celle de périodes de renouvellement, elles n'engageront le gouvernement chérifien, en cas de cessation de statut, que si ledit gouvernement les a au préalable formellement approuvées [3].

IV. — *Impôts, taxes et revenus de la zone.*

Les premiers impôts, taxes et revenus dont bénéficie la zone, sont :

Les droits de douane perçus sur les marchandises importées pour la consommation exclusive de la zone et sur les marchandises exportées de la zone;

La taxe spéciale de 2 1/2 % sur les marchandises importées [4];

---

1. *Bulletin du Comité de l'Afrique française,* 1912, supplément, p. 450.

2. *Bulletin du Comité de l'Afrique française,* 1914, p. 171.

3. Article 45 de la Convention.

4. Cette taxe a été établie par l'article 66 de l'Acte d'Algésiras.

D'après l'article 38 de la Convention, le produit revenant à la zone de Tanger, doit être versé à la Banque d'Etat et affecté par priorité à certains travaux.

Les diverses taxes de consommation;
Le tertib[1];
Les produits de l'enregistrement et du timbre;
La taxe urbaine[2];
Les revenus du domaine;
Les redevances minières et les perceptions sur la sortie des minerais extraits dans la zone[3];
Le produit de la vente des tabacs;
Les taxes et droits municipaux des portes, d'abatage, de marché et de voirie.

§ 5. — Administration de la zone.

I. — *Personnel administratif.*

L'administrateur dirige l'administration de la zone: il a sous ses ordres deux administrateurs-adjoints et deux ingénieurs.

A. **Administrateurs-adjoints.** — Un de ces administrateurs-adjoints est plus spécialement chargé, avec le titre de directeur, du service d'hygiène, et l'autre est plus spécialement chargé, avec le même titre, des services financiers.

Pour une première période de six ans, l'administrateur chargé du service d'hygiène et d'assistance, est de nationalité espagnole, tandis que l'administrateur-adjoint

1. Le tertib, visé dans l'article 59 de l'Acte d'Algésiras, est une taxe sur le revenu que paient les propriétaires de vergers, de terrains de labours et d'animaux de diverses catégories.

2. Cette taxe, qui porte sur les constructions urbaines, a été établie par l'article 61 de l'Acte d'Algésiras.

3. Article 19 de la Convention.

chargé des services financiers, est de nationalité britannique. Les deux administrateurs-adjoints sont nommés par le Sultan, sur la demande du comité de contrôle, auquel ils sont présentés par leurs consulats respectifs.

Après cette première période de six ans, les administrateurs-adjoints sont nommés par l'assemblée, parmi les ressortissants des puissances signataires de l'Acte d'Algésirac [1].

B. Ingénieurs. — L'administrateur a sous ses ordres deux ingénieurs : l'ingénieur chargé des travaux d'Etat, qui est de nationalité française, et l'ingénieur chargé des travaux urbains, qui est de nationalité espagnole. Ces ingénieurs sont présentés au comité de contrôle par leurs consulats respectifs.

Si l'administrateur n'est pas satisfait de la collaboration d'un administrateur-adjoint ou d'un ingénieur, il peut adresser une demande motivée de remplacement au comité de contrôle, qui présente au Sultan un candidat de même nationalité [2].

Les fonctionnaires autres que les administrateurs-adjoints et les ingénieurs sont recrutés par une Commission composée de l'administrateur, des trois vice-présidents de l'assemblée et du chef de service intéressé.

Les candidats agréés sont nommés par l'administrateur, après approbation de l'assemblée législative [3].

Les traitements sont fixés par cette assemblée [4].

---

1. Article 35 de la Convention.
D'après cet article, les postes d'administrateur et d'administrateurs-adjoints ne peuvent être confiés qu'à des ressortissants de nationalité différente.

2. Article 35 de la Convention.

3. Article 36 du dahir sur l'administration de la zone.

4. Article 36 de la Convention.
Pour une première période de six ans, les négociateurs de

Le statut des fonctionnaires doit faire l'objet d'un règlement soumis par l'administrateur à l'assemblée et approuvé par le comité de contrôle[1].

II. — *Services administratifs.*

A l'exception des services d'hygiène et des services financiers[2], les autres services sont rattachés directement à l'administrateur[3].

Pour sauvegarder les droits de l'administration du contrôle de la dette, le service des douanes et régies de Tanger est organisé d'une façon spéciale[4] : il est dirigé par un fonctionnaire que désigne le Maghzen chérifien sur la demande de cette administration et qui relève de l'administration des douanes marocaines[5].

Ce service perçoit non seulement les droits d'importation et d'exportation, mais encore les taxes de consommation, les redevances du monopole des tabacs et le droit des 2 1/2 % établi par l'Acte d'Algésiras. Sur les sommes qu'il encaisse, il doit prélever d'office, après remboursement de ses frais de régie, le montant des diverses dépenses obligatoires de la zone. Il a un budget propre que l'administrateur prépare et présente à l'assemblée.

La création des divers services administratifs a en-

---

la Convention ont fixé les traitements des administrateurs et des ingénieurs.

1. Article 34 du dahir sur l'administration de la zone.

2. Les administrateurs-adjoints sont chargés de ces services.

3. Article 32 du dahir sur l'administration de la zone.

4. Article 39 de la Convention.

5. Le comité de contrôle peut, à la majorité des trois quarts des voix, soumettre au gouvernement chérifien une demande de remplacement de ce fonctionnaire.

traîné la suppression des Comités et Commissions institués par l'Acte d'Algésiras[1]. Toutefois, la Commission chargée de fixer le tarif des valeurs douanières pour les trois zones, est remplacée par une nouvelle commission composée de représentants des trois zones[2].

III. — *Police de la zone.*

La police de la zone comprend une gendarmerie et une police civile[3].

A. Gendarmerie. — La gendarmerie est organisée par un règlement annexé à la convention du 18 décembre 1923[4].

1° *Service de la gendarmerie.* — La gendarmerie doit :

Maintenir l'ordre dans la zone et, à cet effet, prêter son concours à la police locale;

Assurer d'une manière effective la sécurité de la zone[5].

2° *Commandement de la gendarmerie.* — La gendarmerie est commandée par un capitaine de nationalité belge qui est assisté de cadres français et espagnols[6].

---

1. Article 50 de la Convention.
2. Cette commission doit se réunir deux fois par an.
3. Article 33 du dahir sur l'administration de la zone.
4. Ce règlement se trouve dans le *Journal officiel* du 29 mai 1924, p. 4793.
5. Article 2 du règlement.
6. Article 47 de la Convention.

D'après l'article 5 du règlement, le capitaine commandant a sous ses ordres quatre lieutenants ou sous-lieutenants et un sous-officier.

Le capitaine commandant doit assurer la discipline, l'instruction et l'administration de l'unité.

3° *Effectif de la gendarmerie.* — L'effectif ne peut dépasser 250 hommes indigènes marocains; il se répartit en infanterie et cavalerie. La répartition de l'effectif est faite par l'assemblée, avec l'approbation du comité de contrôle[1].

4° *Stationnement de la gendarmerie.* — La gendarmerie peut tenir garnison dans la ville et entretenir des postes dans la banlieue[2].

5° *Recrutement de la gendarmerie.* — Le recrutement des hommes de troupe se fait par voie d'engagement et de rengagement. L'engagement est contracté pour trois ans et le rengagement est fait pour la même durée. Tout homme rengagé a droit à une haute-paie journalière[3]. Sont admis à contracter l'engagement les indigènes marocains âgés de 24 ans et n'ayant encouru aucune peine grave.

L'engagement des officiers européens est réglé au moyen d'un contrat passé entre ces officiers et l'administrateur de la zone[3].

B. **Police civile**. — La police civile se compose d'agents indigènes et d'européens.

Son effectif est fixé par l'assemblée législative.

Elle est dirigée par un commissaire, que nomme l'assemblée sur la proposition de l'administrateur[4].

---

1. Article 6 du règlement.
2. Article 47 de la Convention.
3. Articles 9, 10, 11 et 12 du règlement.
4. Article 33 du dahir sur l'administration de la zone.

La gendarmerie et la police civile sont placées sous l'autorité de l'administrateur.

La création de la gendarmerie a entraîné la suppression des tabors marocains.

IV. — *Budget de la zone.*

La zone a un budget propre[1].

Ce budget est dit ordinaire, par opposition au budget extraordinaire qui peut être créé au cas d'emprunts contractés par la zone[2].

Nous ne nous occupons ici que du budget ordinaire.

A. Division du budget. — Le budget ordinaire se divise en deux parties[3] :

L'une est relative aux recettes et aux dépenses d'intérêt général;

L'autre est relative aux recettes et aux dépenses d'intérêt municipal.

Parmi les dépenses d'intérêt général, certaines sont dites obligatoires; elles sont imputées par priorité sur le produit des douanes et des taxes de consommation. Dans ce nombre sont compris :

La contribution aux emprunts de 1904 et 1910;

La participation aux charges du chemin de fer franco-espagnol de Tanger à Fez;

Le service des emprunts garantis par la Société du port.

---

1. Article 46 de la Convention.

2. Article 50 du dahir sur l'administration de la zone.

3. Article 46 du même dahir.
Les principales recettes et dépenses d'intérêt général ou municipal sont énumérées dans cet article.

B. Préparation du budget. — L'administrateur, avec le concours du directeur des finances, prépare le projet du budget et le présente àl'assemblée deux mois avant l'ouverture de l'exercice [1].

Le comité de contrôle reçoit communication de ce projet. Il examine :

Si l'équilibre budgétaire est bien établi;

Si le produit des douanes et des taxes de consommation suffit à assurer les dépenses obligatoires;

Si les services essentiels de la zone sont suffisamment dotés.

Sur tous ces points, il peut prendre les mesures qu'il juge nécessaire pour rectifier le projet de budget, notamment, il peut affecter aux dépenses obligatoires d'autres produits, si le produit des douanes et des taxes de consommation est reconnu insuffisant [2].

Le budget doit être établi en francs marocains [3].

C. Vote du budget. — Le budget doit être voté par l'assemblée législative avant l'ouverture de l'exercice. Au cas où il ne serait pas voté à la date de l'ouverture de l'exercice, le comité de contrôle ordonnerait l'exécution par douzièmes provisoires sur la base des prévisions du budget précédent [4].

D. Règlement du budget. — L'administrateur chargé d'assurer l'exécution du budget procède à son règlement qui est présenté à l'assemblée législative dans les trois mois de la clôture de l'exercice [5].

1. Article 52 du même dahir.
2. Article 53 du même dahir.
3. Article 23 de la Convention.
4. Article 53 du dahir sur l'administration de la zone.
5. Article 52 du même dahir.

E. **Comptabilité publique.** — Les rôles et titres de perception sont rendus exécutoires par l'administrateur[1].

En dehors des dépenses obligatoires[2], l'ordonnancement des dépenses appartient au Directeur des finances[3].

En dehors des droits de douane et des taxes de consommation qui sont perçus par le service des douanes[4], l'encaissement des recettes et le paiement des dépenses sont effectués par un comptable nommé par le comité de contrôle[5].

Le jugement des comptes appartient au tribunal mixte qui s'adjoint, avec voix délibérative, deux assesseurs techniques ne faisant pas partie du personnel administratif de la zone[6].

Les règles de la comptabilité publique sont fixées par un dahir[7].

§ 6. — Juridiction internationale de la zone.

Une juridiction internationale, dénommée Tribunal mixte de Tanger, est chargée d'administrer la justice aux ressortissants des puissances étrangères[8].

Ce tribunal rend la justice au nom du Sultan[9].

---

1. Article 54 du même dahir.
2. Ces dépenses sont imputées par priorité sur les droits de douane et les taxes de consommation.
3. Article 46 du même dahir.
4. Article 39 de la Convention.
5. Article 48 du dahir sur l'administration de la zone.
6. Article 51 du même dahir.
7. Article 47 du même dahir.
8. Dahir sur la juridiction internationale.
9. Article 18 du même dahir.

I. — *Composition du tribunal mixte.*

A. **Membres titulaires et adjoints.** — Le tribunal comprend des membres titulaires et membres adjoints.

1° *Membres titulaires.* — Les membres titulaires sont deux magistrats britanniques, un magistrat espagnol et un magistrat français. Nommés par dahir du Sultan sur la présentation de leurs gouvernements respectifs, ils peuvent être révoqués par dahir après avis des membres titulaires réunis en assemblée générale et du gouvernement ayant fait la proposition[1]. Leurs fonctions sont incompatibles avec toute autre profession : ils ont un traitement et une indemnité de résidence[2].

Deux membres titulaires sont chargés, l'un des fonctions attribuées au juge de paix et l'autre des fonctions attribuées au juge d'instruction[3].

2° *Membres adjoints.* — Les membres adjoints sont des sujets ou citoyens des puissances signataires de l'Acte d'Algésiras[4] : ils sont choisis parmi les notables âgés de plus de 25 ans, en résidence dans la zone de Tanger, depuis plus d'un an.

La liste de ces membres est arrêtée par l'assemblée générale des titulaires sur la présentation que chaque consul fait pour ses nationaux.

Les membres adjoints sont désignés pour trois ans, mais leurs pouvoirs peuvent être renouvelés. Ils peuvent

---

1. Article 1er du même dahir.
2. Article 22 du même dahir.
3. Article 2 du même dahir.
4. L'Allemagne, l'Autriche et la Hongrie sont exceptées.

être révoqués par décision de l'assemblée générale des titulaires après avis des consuls respectifs. Ils ne reçoivent aucune rétribution, mais ils restent libres d'exercer un métier, un commerce, une industrie ou une profession libérale[1].

B. **Magistrats du ministère public.** — Les fonctions du ministère public sont exercées par deux magistrats respectivement choisis dans la magistrature française et dans la magistrature espagnole. Le magistrat français représente le ministère public près la section de première instance jugeant correctionnellement et près la juridiction d'appel jugeant aussi correctionnellement[2]. Le magistrat espagnol représente, de la même façon, le ministère public près la section de première instance jugeant au civil, près la juridiction d'appel jugeant au civil, près la section d'accusation et près le tribunal criminel[3].

Les fonctions du ministère public faisant l'objet de cette répartition sont alternativement confiées à chacun des deux magistrat par roulement triennal.

Les deux magistrats du ministère public portent l'un et l'autre, le titre de procureur près le tribunal mixte : ils se remplacent mutuellement en cas d'absence ou d'empêchement. Ils sont nommés et peuvent être révoqués dans les mêmes formes et conditions que les membres titulaires : ils participent aux délibérations de l'assemblée générale de ces membres.

---

1. Article 1er du même dahir.
Les membres-adjoints ne peuvent pas être avocats près le tribunal.

2. Il adresse aussi tous réquisitoires utiles au juge d'instruction en vue de l'ouverture et de la clôture des instructions judiciaires.

3. Il intervient facultativement en matière civile, commerciale et administrative.

Les fonctions d'officier du ministère public près le magistrat chargé des attributions du juge de paix sont remplies par un commissaire de police que désigne l'assemblée générale des titulaires [1].

C. **Auxiliaires de la justice.** — Ces auxiliaires sont : les secrétaires-greffiers, l'interprète judiciaire et les avocats.

On n'a pas jugé nécessaire d'instituer dans la zone de Tanger des offices ministériels d'avoués, d'huissiers et de notaires.

1° *Secrétaires-greffiers.* — Le service du secrétariat-greffe près le tribunal mixte est assuré par un secrétaire-greffier en chef, trois secrétaires-greffiers et deux commis-greffiers. Ces fonctionnaires sont de nationalité espagnole, britannique ou française. Ils sont nommés et peuvent être révoqués par dahir du Sultan, sur la proposition de l'assemblée générale des titulaires.

Ils sont chargés de la tenue du greffe, du notariat et de la comptabilité. De plus, ils opèrent les actes de sommation, de notification, d'exécution et de constat ordonnés par les magistrats. Enfin, ils remplissent les fonctions de syndic de faillite, de liquidateur judiciaire et de curateur à succession vacante [2].

2° *Interprète judiciaire.* — Un interprète judiciaire pour la langue arabe est désigné par l'assemblée générale des titulaires [3].

3° *Avocats.* — Pour être inscrit au tableau des avocats près le tribunal, il faut :

Remplir les conditions de capacité et autres exigées

1. Article 13 du dahir sur la juridiction internationale.
2. Article 14 du même dahir.
3. Article 15 du même dahir.

des avocats par la législation des puissances signataires de l'Acte d'Algésiras ou jouir du droit d'audience près d'un tribunal de l'une de ces puissances;

Etre agréé à l'unanimité par l'assemblée générale des titulaires.

Les avocats, régulièrement inscrits près le tribunal mixte ont l'exercice de droit de consultation et du droit de plaidoirie. Ils peuvent représenter leurs clients devant le tribunal, ses sections et le secrétariat-greffe. Ils peuvent présenter en leur nom toutes requêtes, tous mémoires ou conclusions utiles sans qu'une procuration spéciale leur soit exigée.

Un règlement, concernant les devoirs et la discipline des avocats, doit être établi par l'assemblée générale des titulaires [1].

II. — *Organisation du tribunal mixte.*

Le tribunal mixte se divise en plusieurs sections.

A. **Section de première instance.** — Cette section remplit en matière civile, commerciale, administrative et correctionnelle les fonctions qui sont dévolues au tribunal de première instance. Elle statue, comme juridiction d'appel, dans les affaires jugées en première instance par le juge de paix, si l'appel est recevable eu égard à la matière et à l'importance de ces affaires.

Elle est composée d'un membre titulaire, président, de deux membres adjoints et, en matière immobilière, de deux jurisconsulte musulmans ayant voix consultative.

Les deux membres adjoints sont, au point de vue de la

1. Article 16 du même dahir.

nationalité, désignés suivant les règles et conditions établies par le dahir[1].

Les deux jurisconsultes musulmans, ainsi que leurs suppléants, sont annuellement désignés par l'assemblée générale des titulaires sur la présentation par le Mendoub d'une liste de huit candidats[2].

B. **Juridiction d'appel.** — Cette juridiction connait en appel des jugements rendus en premier ressort par la section de première instance.

Elle est composée de trois magistrats titulaires, de deux membres adjoints et, en matière immobilière, de deux jurisconsultes musulmans n'ayant pas participé au jugement attaqué.

La présidence appartient au plus ancien et, à égalité d'ancienneté, au plus âgé des titulaires.

En cas d'empêchement de l'un des titulaires, les membres adjoints siègent au nombre de trois[3].

Les deux ou trois membres adjoints sont, au point de vue de la nationalité, désignés selon les règles et distinctions établies par le dahir[4].

Les deux jurisconsultes musulmans sont désignés de la façon précédemment indiquée.

Les décisions de la juridiction d'appel ne sont pas susceptibles de pourvoi en cassation[5].

C. **Section d'accusation.** — Cette section statue sur les affaires de la compétence de la Chambre des mises en accusation.

---

1. Article 6 du même dahir.
2. Article 4 du même dahir.
3. Article 5 du même dahir.
4. Article 6 du même dahir.
5. Article 5 du même dahir.

Elle est composée de deux membres titulaires et de deux membres adjoints[1].

Les deux membres adjoints sont, au point de vue de nationalité, désignés suivant les règles et distinctions établies par le dahir[2].

D. Tribunal criminel. — Ce tribunal est chargé de juger les individus qui sont renvoyés devant lui sous l'inculpation de crimes : il se constitue le premier lundi de chacun des mois de mars, juillet et novembre.

Il est composé :

Du président de la section de première instance ou, en cas d'empêchement, d'un autre titulaire désigné par l'assemblée générale des titulaires;

De six jurés qui sont, au point de vue de la nationalité, désignés selon les règles et les distinctions établies par le dahir[3].

Le président et les jurés délibèrent ensemble sur la culpabitlité.

La culpabilité ne se prononce qu'avec l'assentiment du président. Au cas où le président n'est pas d'accord avec les jurés pour prononcer la culpabilité, l'affaire est renvoyée à la prochaine session du tribunal criminel que doit présider un magistrat titulaire n'ayant pas connu de l'affaire en qualité de juge d'instruction ou de président de la section des mises en accusation[4]. L'accusé est définitivement acquitté si, à la nouvelle session, la majorité ne se fait pas contre lui avec l'assentiment du

1. Article 5 du même dahir.
2. Article 6 du même dahir.
3. Article 10 du même dahir.
4. Ce président est désigné par l'Assemblée générale des Aitpbams.

président. Au cas où la culpabilité est prononcée, le président applique la peine[1].

Aucun pourvoi en cassation n'est possible contre les décisions du tribunal criminel[2].

Nous rappelons que le Sultan peut commuer les peines prononcées par les juridictions répressives et ordonner la révision des décisions prononcées par ces juridictions[3].

III. — *Fonctionnement du tribunal mixte.*

A. Autorité chargée d'assurer le fonctionnement du tribunal. — L'Assemblée générale des membres titulaires est chargée d'assurer le fonctionnement du tribunal mxite. A cet effet, elle est investie d'attributions spéciales qui sont mentionnées dans plusieurs dispositions[4].

En outre de ces attributions spéciales, elle est chargée de prendre des décisions réglementaires sur tous objets d'ordre intérieur, notamment sur la durée des congés des titulaires, sur les jours d'audience des diverses juridictions et sur les heures d'ouverture du secrétariat-greffe[5].

B. Règles relatives au fonctionnement du tribunal. — Ces règles sont relatives aux codes applicables, aux langues judiciaires, au serment des magistrats et à l'exécution des jugements étrangers.

1° *Législation applicable.* — Le tribunal mixte doit

---

1. Articles 9 et 40 du même dahir.
2. Article 11 du même dahir.
3. Articles 11 et 12 du même dahir.
4. Articles 1er, 2, 3, 4, 6, 7, 8, 9, 11, 13, 14, 15, 16 et 20 du même dahir.
5. Article 21 du même dahir.

appliquer les codes spécialement promulgués par la zone[1] :

Code sur la condition civile des étrangers;

Code de commerce;

Code pénal;

Code des obligations et contrats;

Code de procédure civile;

Code de l'immatriculation.

Ces codes ont été rédigés par une commission de techniciens français, anglais et espagnols[2] qui, en prenant pour base de discussion les codes du protectorat français[3], ont fait des emprunts importants à la législation de la zone espagnole ou ont introduit des systèmes nouveaux[4].

Nous rappelons que les codes de Tanger ne pourront être modifiés ou abrogés par l'Assemblée législative que sous certaines conditions[5].

2° *Langues judiciaires.* — Les langues judicaires sont le français et l'espagnol.

Les jugements et les actes du greffe sont rédigés ou établis dans l'une ou l'autre de ces langues. Les notifications et les sommations sont valablement faites dans

---

1. Article 48 de la Convention et article 19 du dahir sur la juridiction internationale.

2. Cette commission se composait de MM. Gentil, conseiller à la Cour de Paris; Lacambra, magistrat à Tétouan, et Fitzgerald, avocat près les tribunaux d'Egypte. Elle se réunit à Paris en avril 1924 et se sépara en novembre de la même année.

3. Ces codes, promulgués par les dahirs du 12 août 1913, ont été publiés dans le *Bulletin officiel du protectorat* du 12 septembre 1913, n° 46.

4. *Bulletin du Comité de l'Afrique française*, 1925, p. 205.

5. Article 32 de la Convention et 28 du dahir sur l'administration de la zone.

l'une ou l'autre langue, bien que la partie à laquelle elles s'adressent déclare ignorer la langue employée[1].

3° *Serment des magistrats.* — Tout magistrat titulaire ou adjoint doit, avant d'entrer en charge, prêter devant l'assemblée des titulaires le serment dont le dahir indique la formule[2].

4° *Exécution des jugements rendus par les tribunaux étrangers.* — Les jugements rendus par les tribunaux des puissances signataires de l'Acte d'Algésiras sont exécutoires de plein droit sur le territoire de la zone à l'encontre des justiciables du tribunal mixte[3].

Les négociateurs de la convention ont expliqué cette disposition en invoquant le caractère international du tribunal mixte.

Cette explication ne nous paraît pas satisfaisante au point de vue juridique.

D'abord, la question dont il s'agit doit être résolue, non pas d'après le caractère du tribunal qui subit l'effet du jugement, mais d'après le caractère du tribunal qui a rendu le jugement. Or, le tribunal d'une puisance signataire de l'Acte d'Algésiras est certainement un tribunal étranger à l'égard de la zone de Tanger.

Ensuite, le tribunal mixte n'a pas un caractère purement international, puisqu'il se compose de magistrats nommés par le Sultan et puisqu'il rend la justice au nom du Sultan.

L'établissement à Tanger du tribunal mixte a entraîné

---

1. Article 17 du dahir sur la juridiction internationale.
2. Article 1er du même dahir.
3. Article 20 du même dahir.

l'abrogation des capitulations dans la zone[1]. De là, deux conséquences :

a) Les tribunaux consulaires existants sont remplacés par le tribunal mixte qui administre la justice à l'égard des ressortissants des puissances étrangères[2];

b) La protection diplomatique et consulaire est abolie.

Du reste, cette abolition n'a lieu que pour l'avenir : les droits acquis dans le passé sont respectés. D'après une disposition formelle[3], les sujets marocains dont les droits à la protection auront été préalablement reconnus seront personnellement et, leur vie durant, justiciables du tribunal mixte.

Les listes de protection actuelles seront revisées d'un commun accord entre le représentant du gouvernement chérifien et le consul intéressé, dans le délai de six mois à partir de la mise en vigueur de la convention.

La liste des sujets marocains naturalisés à Tanger sera revisée de la même manière et dans le même temps. La naturalisation étrangère de ces sujets marocains demeure régie par les dispositions de la Convention de Madrid[4].

1. Article 13 de la Convention.

2. Article 48 de la Convention.

3. Article 13 § 2 de la Convention.

4. D'après l'article 15 de la Convention de Madrid, la naturalisation étrangère des sujets marocains a plein effet, si elle a été acquise avant la signature de la Convention ou si elle a été acquise depuis avec l'assentiment du gouvernement chérifien.

CONCLUSION

Tel est le statut de la zone de Tanger[1].

Les experts et les plénipotentiaires qui l'ont élaboré étaient chargés d'une mission particulièrement délicate.

Ils devaient, d'abord, concilier les points de vue très divergents des puissances principalement intéressées, c'est-à-dire de la France, de l'Angleterre et de l'Espagne. Ils devaient, ensuite, chercher à sauvegarder les intérêts économiques et sociaux des autres puissances signataires de l'Acte d'Algésiras.

Pour atteindre ce double but, ils ont été obligés de donner à la zone de Tanger une organisation entièrement nouvelle. Sans doute on peut trouver que cette organisation ingénieuse présente quelques complications et quelques imperfections. Sans doute, on peut constater qu'elle est, à certains égards, contraire aux principes du droit public européen[2]. Mais qu'importe, si, telle qu'elle est, elle peut mettre fin aux déplorables rivalités des nations étrangères qui, pendant trop longtemps, ont troublé la tranquillité de Tanger et compromis sa prospérité.

Il convient donc d'expérimenter loyalement le statut de la zone; après quoi, les puissances contractantes pourront, suivant les cas, le maintenir ou le remanier[3].

---

1. Le statut a été inauguré officiellement le 1er juin 1925. *Bulletin du Comité de l'Afrique française*, 1925, p. 293.

2. On peut signaler notamment les anomalies suivantes :
L'Assemblée législative n'élit pas son président;
Elle exerce le pouvoir réglementaire;
Elle participe à la nomination de certains fonctionnaires.

3. D'après l'article 56, l'une des puissances contractantes peut, sous certaines conditions, demander que la Convention du 18 décembre 1923 soit révisée.

TABLE DES MATIÈRES

TOULOUSE, IMP. J. BONNET, RUE ROMIGUIÈRES, 2

www.ingramcontent.com/pod-product-compliance
Ingram Content Group UK Ltd.
Pitfield, Milton Keynes, MK11 3LW, UK
UKHW021559260726
13993UKWH00002B/938